鈴木大介
山口加代子

不自由な脳は続く

高次脳機能障害に対する支援再考

金剛出版

はじめに

鈴木　僕が脳梗塞で倒れ、高次脳機能障害の診断を受けたのは四十一歳だった二〇一五年、今から八年前のことです。発症前後の詳細は、今回と同じく山口加代子先生との対談を本にした前作『不自由な脳――高次脳機能障害当事者に必要な支援』（鈴木・山口、二〇二〇）で語りました。
　今回は発症後八年間を大まかに振り返り、高次脳機能障害におけるさまざまな症状に伴う当事者の心理にフォーカスしていきたいと思います。

山口　今回お話しいただきたいと思っているテーマが二つあります。
　一つ目は、発症から現在までの鈴木さんの症状の変遷についてです。鈴木さんは脳梗塞を発症されてから、たくさん本を書いておられ、講演もされておられるから、周囲からすっかり回復していると思われているのではないかと思います。でも、実際にお話を伺うと、八年経った今でもいくつもの症状が残っていて、その症状ゆえに苦しいことがある。症状によっては回復したものもあれば、なかなか回復しない症状もあるということについて、鈴木さんの症状の経過や改善の変遷、そしてその都度の心理状態について教えていただきたいと思います。症状の改善やその経過については、多くの高次脳機能障害の当事者やご家族が知りたいことだと思います。

二つ目は、鈴木さんはこの八年間に多くの高次脳機能障害の方の相談に乗られ、多くの当事者と情報交換をされてこられました。そのご経験から高次脳機能障害が生じた当事者の心理について、鈴木さんならではの視点で語っていただきたいと思っています。

鈴木　はい。ただし、障害の回復については、脱却・克服といった文脈で語ることを、慎重にしていきたいです。このテーマを強調することは、強さの押しつけになってしまいかねないという危惧があるからです。実際にこの不自由を脱却できるかどうかは当事者の障害の重さ、環境の違いなど個別の要因によって異なり、脱却を望めないケースもあります。僕自身も、現在残る症状が完全になくなるとは思っていませんし、そもそもこの障害において完全な回復なんてありうるのかという思いもあります。そんな中、一定以上の機能回復を獲得するには当事者にもそれなりの負荷をかけなければならないわけで、そこには当然ある程度の苦しさが伴います。であればもう、そもそも「回復することを目指すよりも苦しまずに生きていくこと」に注力したほうがいいケースもあると思うんですよね。そうした目標設定は、例えば年齢によっても違ってくると思います。もちろん、高齢でも「働くことがリハビリテーションだから」と果敢に社会復帰するような当事者が、働くことでめざましい回復をみせたケースには驚かされることもありました。けれど、殊に心理面に注目した場合、それが是とは言い切れない。それまで頑張って働いて生き抜いて、やっと退職した後に発症したようなケースで、それ以上どこまで頑張らせるのか。もう無理を強いたくないなあ、という思いもあります。

山口　おっしゃる通り、一口に当事者といっても年齢や障害の程度はさまざまなので、一様には語れませんね。鈴木さんがやり取りされてきた人は、意欲があって顕著な回復を示されたスーパー当事者と言えるような人が多いかもしれません。その一方で、かなり重い症状が残り、ご自分で発信できない方もおられます。中には、高次脳機能障害について自覚がない方もおられます。その辺りにも配慮しつつ進めないといけないかもしれませんね。

鈴木　そうですね。あとは、脱却を目指すかどうかの分岐点の判断として、実は環境面が最も重要なポイントじゃないかとも思っています。回復のためにどのぐらいの負荷をかけられるかということは、障害の重度・軽度という問題だけじゃなく、当事者の周囲を取り巻く環境、特に周囲の理解度や支援力、当事者自身の支援要請力がどれほどあるかといったことが絡み合ってきます。それらが整っていない状況で強く脱却を目指すのは、やっぱりかえって無用な苦痛を当事者に与えかねないと思うんですね。

山口　障害からの回復を考える際には五つのポイントがあると思います。①脳損傷の原因や損傷の程度や部位、②年齢、性別、他の疾患の合併など、③パーソナリティ、④回復への意志、⑤周囲の支援力含めた環境です。

鈴木　そうですね。もともとのパーソナリティ。これもとても大事です。あとは、やっぱりこの障害、それなりに負荷をかけなければ回復を望めない部分があると思うんですが、どこまで負荷をかけるべきかを考えたとき、絶対に必要なのは、その負荷に伴う当事者の不安を除去すること。そこにケアすることに、注視してほしいということです。

山口　負荷のかけ方は非常に難しい問題ですね。

鈴木　はい。整わない環境、特に本人の支援要請と周囲の協力体制がちぐはぐな状況で負荷をかけすぎてしまった際、失敗を重ねたり過酷な体験をしてしまった際に、大きな不安や周囲との軋轢が起こります。その心理をケアできないことによるうつ発症などの二次障害化は、高次脳機能障害の本態よりもリスキーだと感じています。本人が一定の自己理解に至り、周囲の協力体制と足並みがそろっていることが、負荷をかける前提だと思うんですよね。

山口　当事者本人が障害に気づいていくことも、リハビリテーションの中に必要です。しかし、後遺症を本人に伝えることは決して簡単ではありません。告知されたショックで自殺してしまうほどの当事者もいると考え、告知を避ける支援者もおられます。伝えるのは難しいことですが、当事者が自分に起こっていることを少しずつ理解しながら、それに立ち向かっていくことを可能にする支援の構造が必要だと思います。

鈴木　慎重な告知から始まる自己理解支援、とても大事なポイントだと思います。とはいえここは、現行の制度とこの障害のリアルが、完全に乖離していますよね。多くの場合、リハビリ医療に当事者が接続し続けていられるのは発症後半年ですが、軽度の高次脳に分類されるだろう僕でも、自分に残る障害のすべてに気づくまでに二年程度、その障害が日常生活上でどんな不自由に波及するかについては、八年経った今でも学んでいる段階です。回復曲線は数学的にきれいなカーブを描きませんし、挑む課題によって解消したように感じていた症状が戻ってくる、当事者にとっては何年も経過してから症状が悪化したように感じることも少なくない。そう考えると、支援を必要とする時期と、現行の制度で支援サービスを受けられる期間が、完全に乖離している。

山口　特に、心理的な支援の枠組みはどんどん厳しくなっていて、成果主義的な側面が強くなってしまっていると回復期リハのST（言語聴覚士）さんから聞いたことがあります。つまり、入院時と退院時を比較してADL（日常生活動作）の数値が上がる、そういう患者さん以外はなかなか受け入れてもらえない回復期リハもあると聞きます。医療制度全体としては、高齢者の増加による医療費の増大の問題が大きく、診療報酬が認められる医療行為を増やせない。私としては回復期リハビリテーション病院で公認心理師が行う心理面接や家族面接に診療報酬を付けてほしい。でも、現状では、それが難しいのです。公認心理師が心理面接をしても診療報酬を得られません。

鈴木　心理的支援にきちんと点数を付けていくのは、当事者の願う今後マストの課題であるにもかかわらず、理想論だけでは語れない状況ですね。発症から時間がたつごとに、機能回復的な支援から心理的な支援、また医療者による支援よりも生活の場を共にする周辺者の支援へと、需要がシフトしていくのもこの障害の特徴のように思います。ちなみに現状の僕が必要としているのは、ほぼ心理的な支援のみと言っていいと思います。

山口　心理支援の必要性を明確化するためにも、今回、不安やつらさというキーワードについて考えていきたいです。実際、鈴木さんが体験されてきたこと、他の当事者から聴き取ってきたことを踏まえ、どのような支援が必要とされているのかをお話しいただけますか。支援者が当事者に何を提供するべきなのか、幅広い視点からお聞きできたらいいと思います。それを伺った支援者は、どういう立場で、どういうことに気をつけるのか、どういう覚悟をもって対応するのかという話かもしれません。

鈴木　ありがとうございます。多くのケースを俯瞰しつつ、理想論や強さの押しつけに留意しつつ、現実路線で丁寧にゆっくりお話を進めていこうと思います。

目次

I

当事者の心理を知る

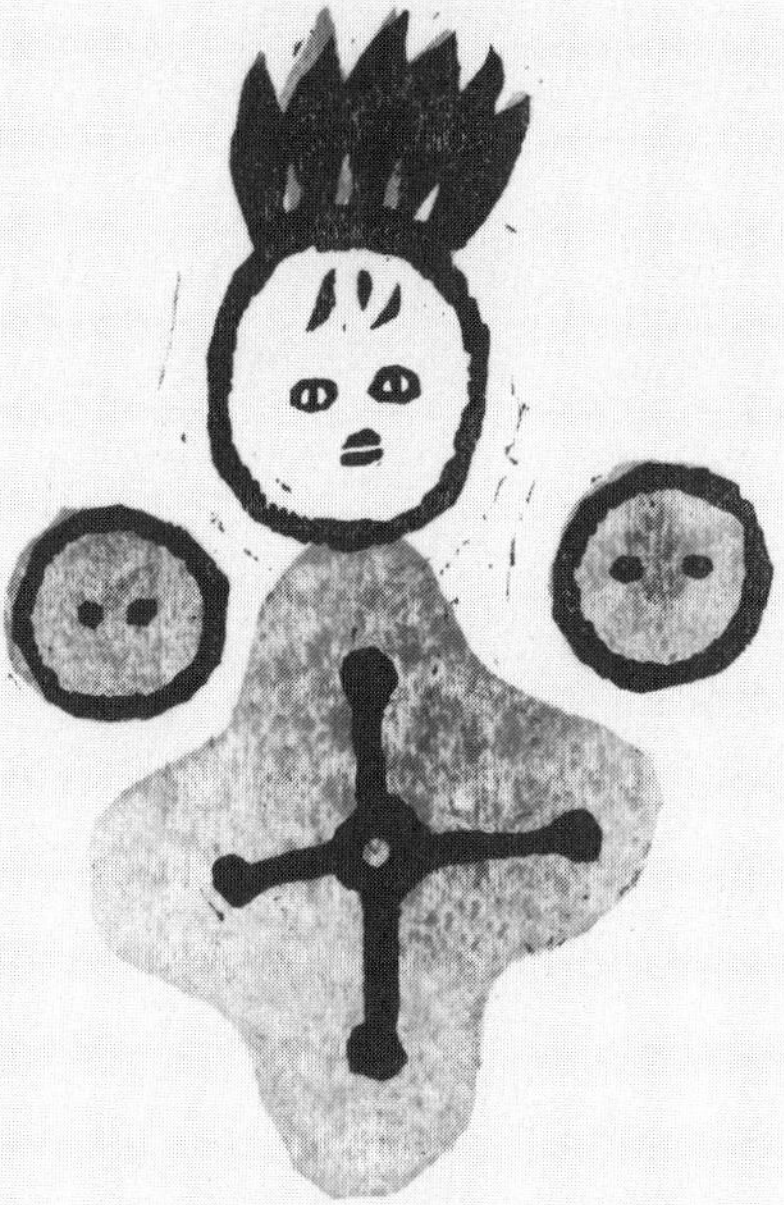

対談の前に

発症後の心理的推移

鈴木　対談に入る前に、僕自身の発症から八年間の心理面について、大まかな推移をまとめます。

まず発症直後、十日ほどの急性期は、目を覚ましているだけでも精一杯という低い覚醒度と強い傾眠状態から始まりました。そして、徐々に覚醒度が上がっても、急性期病院、回復期病院を経ての五十日の病棟生活での僕は、不安や危機感を感じるほど頭が回っていない状態であると同時に、妙な高揚感と開放感、そして期待感があったと思います。

これは、それまでの僕の生き方と関係があります。ワーカホリックで自分を追い詰めて生きてきたけど、もうそれはできない、しなくていいのだ、延々と終わらない締め切りから逃れられるのではないかという解放感。何やら自分の陥った障害が、これまで理解したいと願っていた発達特性や精神疾患をもつ人々から聞いてきた症状と酷似しているという気づき——そして、立ち上がった「やっと彼らのことを真に理解できる！」という職業上の高揚感です。加えてなにより、病棟で提供された手指の麻痺に対するリハビリ課題があまりにも高度で、課題に取り組めば取り組むほど回復していく感動から、高次脳機能障害の症状についても同様に適切な課題で負荷をかけ続ければ回復していくだろうという、極めて楽観的な期待感がありました。

退院後、仕事どころか当たり前の日常生活のあらゆるシーンで何もかもが病前通りにはできないことに愕然とし、大きく混乱しましたが、ここでも大きな失望や絶望に至らなかったのは、妻を中心とした家族や仕事仲間の理解と支援を得られたためです。そんな中、苦しさの本態は、**症状そのものによるもの**でした。

脳のネットワークが整ってくるまで一年ほど続いた、あらゆる現実感の喪失、この世界との乖離感。脳の処理があらゆる周囲の速度についていけないこと。環境情報を選択できずにあらゆる情報におぼれてパニックになってしまうこと。常に脱抑制しようとする感情を必死に抑えることに伴う苦しみ。そして抑制が過ぎて二次障害として現れたヒステリー球[*1]といった症状。そして何より、自然なコミュニケーションが取れず、他者との複雑な対話がほとんどまともに行えないことなど。これらが、症状そのものによる苦しみです。

一方、この時期の心理的な苦しさは、他者にこの症状がわかってもらえないことと、仕事上で自身の症状を（自他ともに）理解していないがゆえに起こしてしまった失敗や軋轢によるもの。加えて、脱抑制によって大事な家族に不適切な対応をとってしまったのちに訪れる、強い自罰感情と希死念慮がありました。

このように、発症から四年ほどの間は、**症状による苦しみと、他者との関係性による苦しみのふたつが立ち上がった**印象です。

なお、こうした症状そのものによる苦しみのピークは発症一〜二年ほど。その後はおよそ四〜五年ほどかけて徐々に減っていき、**発症五年後ぐらいの段階では症状そのものによる苦しさはほぼ解消**したために、「できないことはあっても、それがわかって対策がとれていれば不自由感はない」「この脳の仕様で、できることを最大限やっていけばいい」という、**穏やかな諦めの境地**に至ります。今思えばこの時期が、**発症後の心理的には最も楽だった**ように感じます。

ところが問題はここから後、思っていたよりも機能が取り戻せたことで、「この脳」では満足できなくなってしまったことで、再び心理的に苦しいフェイズに突入してしまったことです。できなくなっていたことが再びできるようになっていることに気づくと、もっと働きたい、もっと仕事の幅を広げたいという自身の欲求や、「そろそろこんな仕事もできるのでは?」という周囲からの要請も出てきます。が、実際に仕事の幅と量といった負荷を強めていく中で、何度か大きな失敗を重ねてしまうことになり、ここでも**大きな心理的な苦痛**を味わうことになってしまいました。

＊1――ストレスからくる身体症状。喉元に何度飲みこんでも飲み込み切れないゆで卵が詰まっているような強い異物感。

一度は到達した「この脳で生きていこうという穏やかな諦め」のような障害受容の境地を、自分自身で壊してしまったわけです。

案外やれるようになった。でも自身がどこまでやれるのか厳密にはわからない。そんな中、いつまでこの脳で生き続けなければならないのか、もうちょっと回復せんものかといったジレンマや、自身の限界が読めないことで、失敗しないかの不安や、実際に読み違えたときの**失敗によるストレス**などが渦巻いているのが、発症後六年ほどから現在にかけての状況です。

大まかにまとめると、病棟という調整され負荷のない環境での楽観、退院後の症状そのものによる苦しさや、その症状への対策を探すまでの失敗、症状を他者に理解してもらえないことから起こる心理的な苦しさを経て、一度は穏やかな諦観の境地に至るも、自らの回復がその均衡を崩して、回復と負荷のバランスの中であがいている時期が八年後となります。たぶん、再び今の自分の能力を正しく把握できたら、楽になるのではないかと思います。

他の多くの当事者と明らかに違うのは、病前に発達障害に対する基礎的な知識があったことです。このため、近しい症状を持つ高次脳機能障害について、ある程度早い時期から自身の症状への気づきや理解がもて、自身で不自由への対策をある程度立てられた。これらによって周囲に症状の説明や支援要請ができたことに加え、その周囲が極めて協力的に理解と支援をしてくれました。自身の症状に気づくことが「できてしまう」当事者の多くは、対策が立てられなかったり周囲の理解と支援を得られないことで、現実に直面した後に大きな**メンタルの落ち込み**を経験するようです。なんとか不自由を解消しようとしても、**周囲が足並みをそろえてくれないことが、苦しさの本態になる**ケースが多いんですよね。逆に気づくことができない当事者の場合は、むしろ**大変なのは周囲のご家族**です。

いずれにせよポイントは、機能回復への支援とは別に、発症後の長期にわたって**心理的な支援があってほしい**なという、当事者の願いとなります。本書では、発症後四年半以降から現在にかけて、僕の揺れ動く心理を支援してくださった山口加代子先生とともに、それぞれの症状の推移を軸に、その症状によってその時々に起こった心理面の動きを振り返っていこうと思います。

1 情報処理速度の低下

場の把握、会話へのリアクション、自己イメージとのギャップ

鈴木　発症直後、まだ自身の状況を把握できるようになる前からでも猛烈な違和感を伴って自覚できた症状に、脳の情報処理速度が遅くなってしまったことがありました。ただし、当初の認識としては、「僕自身のスピードが落ちた」ではなく、「周囲の他者が速くなった」でした。周囲の世界のあらゆる移り変わり、展開が速くなったように感じたんですね。例えば誰かと会話をしていて自分の言葉が出てこない体験について、僕が遅いのではなく相手のほうが一方的に早口になったように感じました。早口だし、話題の展開が唐突で要領を得なくて、全く理解ができない。こちらが何か返答を考えついて話す前に相手が一方的にベラベラ話して、一方的に話を終えてしまう。看護師さんたちに対しては、医療現場に従事する者なのに、なんて不親切な人たちなんだろう。

うと感じました。実際に相手が不親切なのか、自分のほうが遅いのか、そこを切り分けられるまでには少し時間がかかったように思います。

山口　多くの当事者の方は、その違和感を違和感として認識できず、相手の言動にイライラして過ごしておられるのではないでしょうか？　発症後間もないときに「自分の脳の働きが変わった」と認識できる当事者の方はほとんどおられないと思います。時間が経過する中で「何かわからないけど変だ」と思われる方と、「自分は変わってないのに周りが変わった」と思われる方が多いと思います。時間が経っても自分の脳の働きの変化に気づけない方もいます。しかし、脳の損傷によって、多くの方に情報処理速度の低下や一度に処理できる情報量の低下が起こっているのだと思います。

鈴木　そうですね。情報処理速度低下の違和感については、脳が全体的なネットワークで成立させている機能のため、違和感そのものは受傷部位を問わず結構多くの当事者が自覚・認識できているようには思うんです。ただしその違和感が症状だと理解できなかったり、的確に言語化できなかったり、違和感を「周囲に言っても良いもの」だと判断できないために、周囲からは認識できていないように見えるんじゃないかって感じます。けれど、たしかに言われてみれば自覚の中心は、処理速度が落ちているという理由を飛ばして、ただただイライラする、焦るという心理面の自覚が多いのかもしれません。

一方で、情報処理速度の問題は行動面にも波及します。動いているものに対して身体を合わせることができず、人の行き交う雑踏でどちらによければいいのかとっさの判断ができずに立ちすくんでしまったり、買い物先の店内で走り回る子どもの動きに対応できずに固まったり。これらの回復には年単位を要しましたが、発症後五十日ぐらいはエスカレーターに乗るタイミングすらわからない、道路を渡る際に一歩踏み出すタイミングが計れない――これらは左半側空間無視[*2]も影響していますが――、音楽に合わせて指でトントンとリズムをとることすらできませんでした。リズムをとることができないのはプロソディ障害[*3]の一つであることを急性期病棟のSTさんから指摘されましたけど、今にして思えば、情報処理速度の問題もあったように思います。こうしたギャップの中で、これは周囲が速いのではなく、僕自身がものすごくスローモーションになってしまっているのだと気づいていった感じになります。

山口 視覚情報や聴覚情報などのインプットに対する判断と、運動というアウトプットにタイムラグが生じたということですね。

鈴木 そうなんです。結果として、情報処理速度の低下は、「場の把握」という機能において、非

＊2――脳卒中（脳梗塞、脳出血、くも膜下出血）などで右半球を損傷した人に出やすい症状であり、左側の空間や空間にあるものが認識しにくい状態のことを指す。左半球の損傷でも右側の空間や空間にあるものが認識しにくい症状が出ることがあるが、右半球損傷に比し出現頻度が少ない、また改善しやすいと言われている。
＊3――適切なプロソディ（言語、または話者に特有のリズムや抑揚）を保てなくなる症状。

常に広範囲で関わる気がしています。空間的な場だけでなく、さまざまな環境情報を含む場の把握、社会的な場、人間関係やコミュニケーションの中における場といった抽象的な場の把握まで。例えば病棟生活中は、看護師さんが朝の検温の声をかけてからカーテンを開けるまでの間が早すぎて、どう反応すればいいのかわからずに頭が真っ白になったり、病棟内の移動でエレベーターの扉が開いた瞬間、流れ込んでくる大量の情報とその速度に対応できず、自分が何階にいてどこに何をしに行こうとしていたのかがわからなくなってしまうこともありました。これなんかは、その場の環境情報の変化に把握が追いつかないケースでしょうか。

山口　突然の想定外の情報やその情報の量が多いと、脳が処理できずに固まってしまう感じでしょうか？　この辺りは、よく鈴木さんがおっしゃる「高次脳機能障害は中途障害の自閉症」につながる部分ですね。メカニズムとしては情報処理速度の低下と情報処理容量の低下の双方が絡んでいると思います。

鈴木　そうですね。処理できる容量の低下も含むと思います。そんなこんなで病棟生活の中で一番困ったのは、病棟のナースステーションです。看護師さんにお願いごとがあっても、忙しく働いている人たちに声をかけるタイミングがどうしてもわからず、どこに立っていれば用があると気づいてもらえるのかも判断できませんでした。そうこうしているうちに、後から来た他の患者さんや面会のご家族が先に用事を済ませていくし、「そこに立っていたら危ないですよ」と言われてしまったこともあります。ただ心理面としては、このときはまだ自分の側が遅くなっているという自覚がなかったので、なんて気の利かない看護師たちだろうという気持ちが先に立ちましたね。

山口　耳が痛いですね。今、鈴木さんは「自分の側が遅くなっているという自覚がなかった」とおっしゃいましたが、「声をかけるタイミングがわからない」という自覚もなかったんじゃないでしょうか。つまり、鈴木さんは「声をかけるタイミングを待っている」のだけれども、他の方たちが「先に声をかけてしまう」と感じておられたんだと思います。

鈴木　ですね。ものすごく、じれったい思いをした記憶があります。同様のケースとしては、退院後も買い物先のレジや受付などで周囲の状況を把握して、ここにいれば自分が列に並んでいるとわかるような適切な位置取りをとっさに判断できず、邪魔だと言われたり割り込まれてしまったり。こうした症状は、二〜三年ぐらいは続いたように思います。五年経って駅構内で人を縫って走ることができたときは、ものすごくうれしかったですね。駅で走ったらだめですが。

山口　タイミングだけではなく、空間的な位置取りもうまくできなくなったということですね。よく、発症間もない当事者が「ボーっとしている」というご家族や支援者の声を聞きます。まさに速い情報や多すぎる刺激に対応できず、言葉や姿勢、表情とか行動といった、状況に合わせて瞬時に判断してアウトプットするという機能が、うまく作動しなくなっているということなんだと思います。

鈴木　そうなんですよね。ボーっとしているというより、「間に合わない」。即座に状況が把握できない。必要な対応も出てこない。そのことに対しての、焦りやじれったさがあります。この「場を把握できない」ことについて、心理面で言えば雑談に参加できないことも、とても大きな不自由に感じられました。雑談の困難には注意や記憶の障害も大きく関与しますが、処理速度が関与するのは話題の転換や話者が変わることに対して、状況の把握が追いつかない部分です。とにかく展開が速くて、みんながどうして笑っているのかわからなかったり、急に自分に話を振られてもとっさに何も言葉が出てこない。なぜ振られたのかも理解が追いつかない感じです。言葉の嵐の中で揉みくちゃになるようで、とても心細くて、情けない。そしてコミュニケーションスピードを合わせてくれない相手にイライラもする。いろいろな感情が立ち上がったと思います。

山口　雑談は処理すべき情報がとても多く、かつ状況がころころ変わるコミュニケーションですよね。実は右脳は空間や状況把握だけでなく注意の切り替えにも絡んでいますから、雑談の苦手さは右脳損傷の人に現れやすい症状として理解できると思います。実際、右脳コミュニケーション障害という言葉もありますし、雑談が苦手になることは珍しくありません。ただ、ご本人が自分の変化を意識できないため、自分が遅いのではなく相手のリアクションが速いせいだ、相手が声をかけてくれない、というように被害者的思考になりやすいといったことも見られ、そのせいで家族とうまくいかなくなる人も少なくありません。

鈴木　あるでしょうね……心理面としては、置いてけぼりにされている感が伴いますし、自分の存在を軽視されている、ないがしろにされているように思う当事者もいると思う。

ただ今のお話を聞いて、新たに二つ思ったことがあります。一つ目に、僕が聞き取りを行ってきた当事者たちの話でも、自分の体の適切な位置取りができないことは、左脳損傷の人からあまり聞いたことがなく、周囲の話のスピードについていけないこととか、とっさの状況把握が間に合わないことについては、右左どちらの脳損傷の人からもよく聞かれたということです。空間的な場の把握は右脳に局在する一方で、抽象的な場の把握は左右を問わない印象です。

二つ目に、当時、自分の気持ちが相手に伝わらないというフラストレーションがありましたが、今振り返ると、自分が相手の気持ちを把握したり、その言葉に込められた意味をとっさに理解することが苦手になっていた面も、かなりあったかもしれないということです。その場の文脈上の空気をとっさに把握できないいんですよね。相手の気持ちをとっさに把握するのも大変ですが、その相手の気持ちを考えながら話をするのって、ものすごいマルチタスクですよね。結構見当違いな返答をしてしまっていることも多かった気がします。だから一層伝わらなくて、こちらの不満も溜まっていくという……。

山口　位置取りについては、たしかに、右脳が空間的な把握をしていると言われています。情報処理速度の低下は左右どちらの脳の損傷でも出ると思いますが、左脳だと特に言語処理がうまくいかず、言いたい言葉を脳内で探したり、言葉が出るのに時間がかかるということがあるかと思います。左右どちらの脳のダメージであっても、「伝えたいことが伝わらない」というのはフラストレーションが溜まりますよね。さらに、その状態だと当事者サイドだけではなく、ご家族にもフラストレーションが生じやすいと思います。

鈴木　たしかに。いちいち会話が食い違うのってストレスですもんね。あと、右脳損傷でも言葉が出るのにものすごく時間がかかりますが、これは脳の情報処理が遅いことに加えて、適切な言葉を頭の中から探しているうちに何を言いたかったかを忘れてしまう記憶の問題や、妨害的な情報を浴びることで頭の中が真っ白になるような注意の問題との合わせ技かと思います。一方で発語の遅い失語症の方と話していると、話そうとしている言葉と違った言葉が出てきてしまうのをご自身の中で訂正したり、言葉を探そうにも脳内の言葉の引き出しそのものが失われていて、存在しない辞書の中で言葉探しをしているような、言葉の機能そのものにエラーが起こっているのを感じますね。ただ、ここで起こる焦りやもどかしさの心理は、双方に共通かと思います。

処理に時間がかかる情報

鈴木　この脳の情報処理速度低下によって一番長期にわたって不自由を感じたのは、やはりコミュニケーション面です。先ほど言ったように、相手の気持ちや話題を把握しつつ返答を考えるのは、ものすごくマルチタスクです。そもそもとっさに思うように言葉やリアクションが出てこない状況で、相手の気持ちを考えて同時に適切な言葉を選ぶのは非常に難しい。例えば、一般的にも、お葬式で大切な人を亡くされた方に対して適切な言葉が見つからず、声をかけられないというようなときってあるじゃないですか。当時の僕はこうした言葉の詰まりがあらゆるコミュニケーションであらわれ、何も言葉が出てきませんでした。

山口　わかりやすいたとえですね。相手の悲しみを思い、でも、悲しみに触れすぎてはいけない、他の方もいるから話を長引かせてはいけない、自分自身の故人に対する思いもある、いろんな感情がグルグルするときって、本当に言葉が出ないですね。多くの情報が頭の中で飛び交っているから言葉が出ないんですよね。

鈴木　そうそう。あれが、日常のあらゆる他愛ない会話で始終生じているような不自由感なんです。他者との対話でとっさに当意即妙なリアクションができないこと、相手の意思を汲んで適切な返答が即座にできないことについては、他のどんな症状よりも不自由さを感じた症状だったと思います。なお僕は発症から一年半〜二年くらいで、家族やごく限られた友人とリラックスして話す場面限定で、この当意即妙のリアクションを取り戻したんですが、この時期にはまだ注意や記憶の障害はそこまで回復していなかった。対話機能の回復は、情報処理速度の回復と連動していたと思います。周囲の社会や他者とのスピードギャップが解消したことと連動していた。強調したいのは、僕自身はこれによって心理面で劇的に楽になったことです。相手の話に相槌を打ったり、つっこみを入れたり、ニヤッと笑ったり身振り手振りをとったり。こうしたリアクションの回復があまりにも嬉しくて、当時の僕は「これで僕の障害は九割回復した」などと発言したりもしています。その後に親しい人以外との会話やさまざまなシチュエーションでこのリアクションが回復するまでにさらに三年余りを要したことを考えれば、大いなるぬか喜びだったわけですが……。そのぐらい、このリアクションの回復は僕の心理面における非常にポジティブな体験だったわけです。

山口　何気ないコミュニケーションがストレスなくできるようになったことで心理的に楽になったというのは、とても感慨深いです。本当に何気ないので普段気がつかないけれど、相手とのコミュニケーションに違和感を感じないというのが、何よりも心の安定に必要だということ、小さいかもしれないけど穏やかな至福感がそこにあるのだと気づかされました。

鈴木　相手に意思や意図が伝わるかどうかって、やっぱり心理面としては一番のキーなんですよね。また、この健常者とのコミュニケーションスピードのギャップと当事者心理について補足すると、病棟にいる時分では、速く話しかけられるつらさもある一方で、ゆっくり話されるのも受け容れづらいものがありました。これは人によるかもしれませんが、どうでもいいこと、例えば「鈴木さんお薬は飲まれましたか」なんてことまでゆっくり話されると、知的なスペックを低く見積もられている感じがしちゃうんですよね。介護の現場でも赤ちゃん言葉ってNGとされると思いますが、あれと同じかと思います。相手の言葉の中に情報量が少なければ、ある程度早口でも大丈夫なんです。

山口　当事者の状態に合わせて、話すスピードや使う言葉を選んで話すということですね。ゆっくり話されるのも受け容れがたかったというのは、鈴木さんが抱えていたつらさには、病前の自己イメージとのギャップもあったのでしょうね。症状そのものへの「なんなんだこれは」といった困惑に加えて、他者に自分のつらさをわかってもらえないという二重のつらさがあったのかと思います。

鈴木 そうなんですよね。まず薬を飲んだか飲んでいないかまでゆっくり幼児に言い聞かせるような話し方をされると、必要以上に機能が低下していると見積もられているように感じる。全然自分の現状を理解してもらえてない気がする。「そのぐらいわかるわい！」ってなるんですよ。この、自己イメージとのギャップ問題は、とても大きなテーマだと思います。会話の困難については、まさに病前の自己イメージ、言葉のスピードや視線取りやリアクション、表情の動きといった自分のもっていたスタイルが、病前通りに出てこないこと——自分を自分らしく保つとか、自分らしく表出することができないのが、苦しさの中心でした。ただ、ここで面白いのは、他の当事者さんと話していても、もともと相手のペースに合わせずマイペースでゆっくり落ち着いて話す人、そんなに当意即妙のリアクションを大事にしていなかった人、つまりキャッチボール型の対話に重点を置いていなかった方では、僕と同じように周囲とのスピードギャップが起こってもそんなに苦しさを訴えないいんですよね。今思うのは、もともと僕は結構しゃべるほうだったということですね。雑談に参加しても、それほど主体的にしゃべらない人もいるじゃないですか。

山口 発症前から、相手のペースとは別に自分のペース、つまり、相手と違うペースで対話することがその方のコミュニケーションスタイルだった場合には「別に」という感じなんでしょうね。

鈴木さんはコミュニケーションペースの合う方との会話というキャッチボールを楽しんでおられたので、発症後に違和感、自分らしさを感じられないという苦しさを感じたんだと思います。

鈴木　興味深いですよね。高次脳機能障害は個別性が高い、百人百様の症状だからわかりづらいっていう文脈が僕はとても嫌なんですけれど、たしかに同じ症状があってもそれがどう表出するか、当事者がどう感じるか、周囲がどう受け止めるかは、文字通り百人百様です。そのファクターとして、病前のパーソナリティはとても大きいものですよね。今だから言えますが、僕なんか、非常に症状が重く出やすい最悪の病前パーソナリティだったように思います。

ただ、対話は病前とのギャップを感じるか感じないかによって苦しさの立ち上がり方に個別性が出てくるのに対し、聞き取りについてはこの情報処理速度の低下がほとんどの当事者にとって不自由を感じさせるポイントかもしれません。僕は発症後数年は、FM放送のパーソナリティが数人で掛け合いをするような番組は全く聞き取りと理解が追いつかず、お笑い番組なども完全に脱落しました。発症から一年ぐらいは、一定の速度で話すNHKのアナウンサーの言葉以外は、ほとんどついていけない状況だったと言っていいかもしれないです。それでも情報の内容によって、例えば為替とかの苦手分野のニュースや、地理勘のないエリアの天気予報などは、一気に聞き取るのが難しくなるのを感じました。聞きなれない専門用語や地名・人名なんかが出ると、瞬時に意味がわからず、それを考えているうちにどんどん話が進んで脱落する感じです。

山口　聞きなれない言葉だと、日常的に使っていない脳部位や言語処理システムを活性化させる、脳にかける負荷が高くなることで、脳の動きが止まってしまうということですね。

鈴木　そうですね。大前提として、一般的な速度の言葉の聞き取りにはついていけない。その上に聞きなれない言葉がくるから、もうアウトなわけです。そんな中で、最も困難を感じたのは、自分自身の判断が必要な内容が含まれた言葉の聞き取りです。こうした言葉は特に早口に感じられ、その判断が求められた時点でそれ以降の話から完全に脱落することがよくありました。例えば入院中、「今日、鈴木さんのお見舞いの方が午前中にいらっしゃらないようなら、リハビリを入れてもいいですか？」とSTさんに言われたことがありました。本来、午後予定だったリハビリを動かせるかという要請ですね。その言葉に続けて、「その場合は、看護師さんに伝えてくださいね」と言われたんですが、僕の頭には全く入ってきませんでした。で、結局その日の僕は、「お見舞いが来なければ」までだけ理解して、予約をとらずにリハビリ室でただただ待ちぼうけになった挙句、「あれ、鈴木さんは午後ですよ？」と言われて、大混乱。のちに話しますが、予定を変更されるということはものすごく心理が乱れまくることなので、爆発しそうになる感情をおさえるのに必死で、ものすごく苦しかったことを記憶しています。

山口　それって、私が英語で話しかけられたときと同じですね。はじめの質問の意味を理解して応えようとしていると、それ以降の英語が聞こえてはいるけれど、何ら解読できないっていう感じ。

鈴木　ああ、それに近いです。理解や判断を求められた時点で、そこから先がものすごく早口に感じられて、全く追いつかない、全く頭に入らない。でもこの質問って、自分がもともと何時にリハビリを入れていたのかを把握する、見舞客の予定があったかを思いだす、午前に見舞客の対応以外に何かやることがなかったかなどなど、ものすごく判断要素が多いじゃないですか。こっちは想定外の時間にリハの先生が現れて声をかけられるっていう、その場の変化の把握だけで精一杯の状況なのでもう、パニックになるしかないですよね。今思うと、回復期病棟の段階でこの声掛けっていうのは、やっぱり全然僕の不自由は理解してもらえてなかったんだなあ……。

山口　ここは回復期で関わるスタッフにぜひ伝えたいですよね。一度に複数の情報をたて続けに伝えられると応じられないですよね。

鈴木　無理だと思います。これくらいの情報処理速度の時期は、判断要素が含まれた時点でこちらが判断して返答するのを待ってから次の要素に移るか、判断材料を一緒に紙に書き出して一緒に考えるか、その場でイエスかノーの二択で答えられる程度の簡単な判断以外は振らないでほしい……という心理状況だったと思います。支援者にとってもとても簡単なことではないと思います。

山口　高次脳機能障害の人にとって適切な話しかけ方としては、途中で区切ることが大事だと思います。鈴木さんのお話を例にすると、まず、「今日はお見舞いの方はいますか？」で区切り、それに対して応答をもらえれば、「では、リハビリの予定を午前に移せます。どうでしょう？」と次に進む。これにも応答があれば、「予定の変更を看護師さんに伝えてください」と次に進む。一つずつ順番に聞いてさしあげることが必要です。

鈴木　もう本当に、それです！　当たり前の言葉の速度についていけない。判断も聞き取りも間に合わない。だから、当事者と一緒に一つずつ丁寧に情報を整理して、思考や判断も一緒に組み立ててほしいんですよね。

　ということで改めて簡単にまとめると、脳の情報処理速度の低下は、行動のタイミング、空間だけでなくもっと抽象的な「場」の把握、その場の環境の情報を統合して把握して正しい判断を下すこと、相手の言葉と感情の把握、リアルタイムに意思疎通を図るための当意即妙なコミュニケーションなどなど、非常に広域にわたって大きく不自由が波及する症状でした。なお、回復の順序も今あげた順番の通りです。最終的に残ったのは、緊張を伴う相手との対話、場面や話題で自然なタイミングの発話をすることでした。支援サイドに求めることは、まずはそういう状況があるということを知識で知っていてほしいということです。この脳の処理速度低下は、やはり受傷部位を問わず多くの当事者の抱える症状かと思いますが、周囲から見れば単に「ぼんやりしている」「話を聞いていない」といった感じに過ぎません。たとえそう見えても、当事者はビュンビュン高速でぶっ飛ばす健常者社会の速度についていくので脳内フル回転、そしてどんなに頑張っても常に置いてけぼりという心理にあることを、常に念頭においていただけるとありがたいです。

2　注意障害

外部刺激への過敏性

鈴木　僕にとって発症直後からかなり自覚的に立ち上がった症状が、注意障害だったと思います。情報処理の速度は違和感や不自由感が中心となりましたが、注意障害については症状そのものが強い苦痛につながりました。特に音や光といった外部の情報への過敏性は、心理面にも強く影響したと思います。日常生活上で当たり前に存在する環境情報の大きさ、複雑さに混乱してしまうんですよね。物理的に周囲の物や色が多かったり、音環境的に騒がしいだけで、何も考えられなくなって、その状況から自力では脱することができないことから、非常に不安や恐怖を感じるシーンがありました。

山口　注意の選択性に関する症状ですね。外部の情報に対するフィルター機能が弱くなって、多くの情報が一気に入ってきてしまい、これによって混乱状態に陥ることが心理面での不安定さにつながるのですね。

鈴木　そうですね。まずそんな混乱を病前に経験したことがなかったこと。そして当然その混乱状態からどうしたら脱することができるのかの経験知もなかったことが、強い不安に直結しました。僕も病前から選択的注意の基礎知識はありましたが、こればかりは本当に当事者の感覚を誤認していたと感じました。より苦しさを伴うのは、必要な情報を選択できないということより、全部の情報が脳に強制侵入してきて、全部の情報を脳が勝手に処理しようとするのをやめてくれないことです。例えば雑踏の中では、たくさんの声が頭に中に入ってきて、それが聞き取れない小声だろうと、自分には何の関係もない声だろうと、全部言語として脳が聞き取ろうとすることや理解しようとすることを止められないんです。視覚情報も同様で、例えばデパートの一階って宝飾品や化粧品といった、照明でギラギラに照らし出された商品が多いんですが、発症してかなりの間、そうゆう空間に入った瞬間に頭が真っ白になってしまうことが多かった。入店と同時に、店内放送や音楽といった聴覚情報とギラギラした視覚情報の洪水が脳に流れ込んできて、それを脳が全部見よう、聞こう、理解しようとするのをやめてくれないんですね。当然オーバーフローして、ひどいときは過換気の発作にまで追いやられました。

山口　お話を伺っていて、目の前の状況が変わったときに頭が真っ白になるという自閉症の人に起こるメカニズムに似ている気がしました。鈴木さんはご著書の中で、高次脳機能障害を後天性の自閉症とおっしゃっていたと思いますが、まさに共通性が感じられる部分と思います。健常者の脳であれば自動的に行っている情報の取捨選択機能が落ちてしまって、大量の情報の中で溺れてしまっている。

鈴木　本当にそうなんです。この体験は自閉症者の感覚過敏の訴えと酷似していますが、驚いたのは、これがこんなにも苦しさを伴う症状だということです。すべてが一気に頭の中に入ってきて、全部処理できない状況となると、声とか文字とか形とか、すべての意味を伴う情報が混在して輪郭を失い、ぐちゃぐちゃに入り混じったマーブル模様のような世界になってしまいます。脳が情報処理をやめてくれないというのは、本当に地獄です。

山口　自閉症の方の中に聴覚過敏、視覚過敏といった症状があることは知っていましたが、それが当事者にとって「地獄」と感じられるほど苦しいというのはあまり知られていないように思います。そこをもう少し教えてください。

鈴木　一言でいえば、「脳内が賽の河原状態になる」ということです。仏法説話に、冥土の河原で幼い子どもが石を積んでも積んでも鬼が崩しに来る話がありますが、まるでそれ。脳が周囲の情報を全部取り入れるのをやめてくれないという状況から、何かをやろう、考えよう、頭にとどめおこうとしても、外部のあらゆる妨害的な情報にその思考を崩されて、何をしたかったかわからなくなる、ゼロに戻されるんです。例えば駅構内であれば、腕時計で時間を確認して、発車案内に表示される時間と見比べようとしても、腕時計から目を離した瞬間に大きな音や強い光が、今見たばかりの時刻を頭から消去する。何度試みようとしても、全部外部の情報に頭の中を消されてしまう。そうするうちに、自分が時計と発車案内を見比べようとしていたことすら消去されてしまい、何をしたかったのかわからない混乱に叩き込まれる。もう、立ち上がろうとするたびに横から蹴り倒され続けるような、まさに「賽の河原」状態ですね。当然ながらこの妨害的な情報の発信元に対して、非常に被害的な感情も沸き起こりますし、なんとかこの場を脱しなければならないけどどうにもならないという、強い焦りの心理にも陥りました。

山口　やろうとしているのに、外部の妨害刺激ゆえにうまくできず、できないことで生じる心理が、さらにやろうとしていることの妨害刺激になるということですね。支援者はこのメカニズムを常に意識して対応しないといけないですね。

鈴木　これもまた、症状そのものによる苦しさですが、一番ありがたいのは、自閉症者に対する合理的配慮を全部転用してもらうことです。でも、この症状が非常にきつかったとき、心理面で非常に苦しかったのは、症状を他者に訴えてもまともに取り合ってもらえないことでした。いわゆるカクテルパーティ効果[*4]が失われていることは病棟生活の時点でも談話室などで見舞客や妻の言葉よりずっと向こうの家族の話ばかりが入ってきてものすごく混乱したという経験から気づいていたんですが、これをSTさんに訴えてもスルーされてしまったんです。やっぱり「あんたプロなのにそのレベルかよ!」といったいら立ちや、その感情を抑制しなければならないのがかなりしんどかったんですよね。思えば「プロなのに」と思うのは僕の病前パーソナリティゆえであり、個別性かもしれませんが。その一方でこの症状については、発達特性をもつ方にはやっぱり体験的に理解してもらいやすくて、すんなり受け容れてもらえた経験もあります。

山口　自閉症や注意欠陥・多動性障害（ＡＤＨＤ）の人の中には、向けるべきところに注意を向けることが苦手な方がいるので、支援者は「刺激の整理」が必要だということを知っていると思います。でも、高次脳機能障害の人の中にもこのような症状が生じることがあることを知っている支援者はあまりいないかもしれません。

鈴木　わかってほしいですね、これは。あとここでもうひとつ心理的な面を掘り下げると、当事者には自身の心理が自身の情報処理機能を崩してしまう、自爆現象みたいなことがあることもお伝えしたいです。再び駅構内の例でお話しすると、思考や記憶が妨害的な環境情報によって崩され続ける賽の河原状態の中で、そこからどうやって脱すればいいわからないという焦りや不安や、何度も頭の中を真っ白にしてくる大きな情報に対するいら立ちや怒りの感情が膨らむと、今度はそうした自身の情動そのものが、思考の組み立てを崩す妨害要因になってくるんですよね。焦りやいら立ちによって、加速度的に情報処理の困難が深まる。僕の場合、最終的には過換気の発作に追い込まれる始末でした。かなり難しい話ではあるけれど、こうなる可能性は、病棟内のロビー

＊4――カクテルパーティーのときのように、たくさんの人がそれぞれに雑談している中でも、自分が興味ある人の話や、自分に向けられた会話などに、自動的に注意を向けられる現象のこと。

で目の前の人の言葉が聞き取れないといった訴えから読むことができたんじゃないかと思うんですよね。なので、退院して雑踏に行ったらパニックになる可能性もあるよとか、そのような状況になったらどうすればいいかとか、一人ではなく信頼できる誰かと行動するようにとか、そんな指導があっても良かったのになあと、ちょっと思わなくもないです。

山口　個室で行われるリハビリでは、刺激が制御されているので、デパートや駅構内のような雑多な刺激が溢れているところで、当事者がどんな経験をされるのかについてセラピストも当事者も推測しにくいということですね。

鈴木　そうなんですよね……。これは、置かれた環境と課されるタスクによって全く出方が違ってくる症状だと思います。それこそリハビリの先生と一緒にスーパーに買い物になんか行ったら一発で理解してもらえたかもしれません。スーパーマーケットは本当に環境情報の地獄で、僕は完全に思考停止してしまったりしゃがみこんでしまうこともあったので……。でも、現状の医療現場の体制やリソースの中では、なかなか難しいですね。あとわかりづらいのは、この情報処理の賽の河原状態って、そこから河原の石を積もうとしなければ、つまり無理に何かを処理しようとしなければ、そこまで心理面に波及するつらさはなくなるってことです。混乱状況にあっても、その場でボケっとしていても許されるなら、そこまで苦しくないんですよね。なのでここでまた、病前習慣やパーソナリティによる個別性が立ち上がってきます。どんな混乱の中にあっても目標を達成すべく頑張ってしまう当事者と、「できないなら何もしなくていいや、誰かがなんとかしてくれるでしょ」って割り切れてしまう当事者とでは、同じ症状を抱えていても全然訴えが異なってくるわけです。こうなると、支援する側にとってもわかりづらいだろうなあと思います。

ネガティブなものに引っぱられる

鈴木　他に注意障害とその心理面についてお伝えしたいのは、環境情報の中から、よりによって自分にとってネガティブな感情を伴う情報に限って脳が選択して、そこで注意が固着してしまう症状についてです。例えば僕は、中高年の男性の横柄で威圧的な声が大嫌いなのですが、たくさんの音情報があるカフェの中だったとしても、僕の脳はなぜだかその声だけにギュッとフォーカスして、その注意を自力で外せなくなってしまう。そのことによって、そのとき本来聞くべきことや考えるべきこと、聞いたことやせっかく考えていたことが、脳から強制消去されるんですよね。環境情報を全部取り込んでしまう症状についても、それが妨害的な情報となって思考や記憶を奪うことをお話ししましたが、ネガティブな感情を伴う情報はそれが一層強く作用するんです。もう、頭の中がその人の不快な声だけになって、その他の必要な全部の思考や記憶が押し出されてしまう。これが心理面としては、余計に被害者意識やいら立ちを強く感じさせるものでした。

山口　いわゆる「怖いもの見たさ」に通じるメカニズムだと思います。「怖い」と思えば思うほど無視できない。つまり、「嫌だ」という感情が、「嫌だ」という対象に注意を貼りつけてしまい、さらに「嫌だ」という感情を増幅することで他の情報に注意を振り分けられなくなるということですよね。

鈴木 本当に、よりにもよって、なんでその情報に……という感じですが、この症状は自分の内にあるネガティブな記憶に対しても同様で、心理面としてはこれが本当にしんどかったと思います。何か作業や考え事をしていても、常に頭の片隅にあるネガティブな記憶に注意が向くと、考えが吹っ飛んでその嫌な記憶から思考がはがせなくなってしまうんです。一日に何度もその嫌な記憶のフラッシュバックに思考を妨害されるわけで、こうなるとそのネガティブな記憶を植えつけた他者や事象に対して、その都度、被害感情が育ってしまいます。そして残念ながら、このフラッシュバックはポジティブな記憶では、一切起こらないのです。

山口 病前はそういったことはあまりなかったのでしょうか。

鈴木 ほぼありませんでした。ネガティブなことでもポジティブなことでも、考え続けても無駄なことは結構自由に切り替えて、一晩寝たらすぐ忘れるお気楽な性格だったと思います。

山口 そうなのですね。病前は気にせずにいられたことを切り替えられないのは、注意の切り替えが困難ということもあると思いますが、ネガティブ感情をうまく抑制できないということもあるのではないでしょうか。

鈴木 ああ、それは絶対ありますね。のちに脱抑制をテーマにしたお話で補足しますが、本当に些細なことで自分でも驚くほどに激怒して、おかしいとわかっていても、それを抑えられない。

その感情の大きさゆえに、より強く注意の固着も起こった。これはあると思います。ただやっぱり不思議なのは、感情の増幅はネガティブな感情にもポジティブな感情にも等しく起こりますが、後々にまでその記憶が過集中の対象になるのはネガティブな感情に限定されるんですよね。一つ仮説として思ったのは、人間の生存本能的に、生命を脅かすようなものに対する注意が優位に働くという生命本能の理論です。

山口　それはあると思います。怖い経験は生存を脅かすことがあるので、自分を守るために記憶に残りやすいと思います。さらに、リハーサル[*5]といって、繰り返し頭の中で思い描くことで記憶は強く残るため、思い出すことで、記憶の強化を自動的に図ってしまうということかもしれません。

鈴木　やっかいな機能ですね……。なお悪循環といえば、そのネガ記憶に対する反応もまた、パブロフの犬的[*6]に反射的なものになっていくことがあると思います。僕が非常に苦手な聴覚情報の中に、駅の中での盲導チャイムというものがあります。あれは、ものすごく音量が大きくてどん

＊5――短期記憶の忘却を防いだり、長期記憶に転送したりするために、記憶するべき項目を繰り返し想起すること。

＊6――ロシアのイワン・パブロフが行った動物実験。この実験によると、犬にベルの音を聞かせながら餌を与えることを繰り返すと、餌を与えなくてもベルの音を鳴らすだけで犬がヨダレをたらすようになる。

な騒音の中でも聞き取れるような音質なんですよね。あれは一気に記憶や思考を奪っていく上に、しかも音が鳴りやんでも何秒かインターバルを置いて、再度鳴る。音がやんでせっかく思考を取り戻しても、また数秒後に奪っていくわけで、これも賽の河原です。本当につらかった。この音については何度も思考を激しく妨害されてパニックに追いやられた経験を重ねたことで、実は今に至っても駅構内で盲導チャイムの音が鳴っただけで思考が止まったりイラついたり、感情がざわざわ乱れる反応が残っています。まさに反射強化の悪循環です。

山口　まさに学習理論そのものですね。

鈴木　全然嬉しくない学習ですね。そう考えたら、他者の心無い言葉とかに対するネガティブな記憶に関しても、何度も脳内でリハーサルすることで、原体験以上に、ネガティブ感情が増幅されていたかもしれません。初期は本当に、嫌な体験があるとそれを毎日何度も思い起こしてしまう。頭の片隅に常にその怒りの種が残っていて、それに注意がフォーカスすると一気にその原体験の感情がよみがえってしまって何もできなくなっちゃうことに苦しみましたから。

山口　今、初期にとおっしゃいましたが、それは時間経過とともに変わっていったのでしょうか?

鈴木　そうですね。二十四時間ネガ記憶の種が残っているという状況については、発症後十カ月くらいで回復の体験がありました。退院後に知人からすごく気に障る言葉を言われたことがあって、そのことを毎日何度も思い出してはそのときやるべきことが手につかなくなっていたんです。ところがある日、ふと考えたら朝から一度もその相手のことを思い起こしていないことに気づいた。そこで自発的にその人の言葉を思い返してみても、その嫌な体験の記憶から自力で注意をはがすことができ、なんとかそのとき考えるべきことを考えることができたんですね。その日のその瞬間のことは非常に嬉しくて、今でもまざまざと覚えています。

山口　注意の切り替え機能が回復した体験ですね。貴重なお話です。

鈴木　とはいえこれは回復の入り口で、このネガ思考への過集中を自力である程度自由にキャンセルできるようになるまでには、その後二〜三年かかったと思います。思い起こしてもこれは本当にしんどい症状でした。

切り替えの困難

鈴木　あと、この注意機能の問題で心理面に大きく影響したものとしては、コミュニケーション上での「切り替えの困難」もありましたね。情報処理速度のテーマでも雑談の展開や転換についていけない例を出しましたが、注意の固着がそれに乗っかってくるんです。例えば対話の中でAの話から急にBの話になっても、注意が固まっているので、切り替えがすごく難しく感じるんですよね。他の当事者さんの言葉で、半日くらい野球の練習をずっとやっていたのに、いきなりホイッスルが鳴って――いやホイッスルすら鳴らずに、いきなりサッカーが始まるような感じと語ってくれた人がいました。

山口　また、素敵なたとえですね。戸惑いが伝わってきます。

鈴木　コミュニケーション以外でも同様の感覚はあります。情報処理速度のテーマで変化する場を速やかに把握できないという話をしましたが、ここにも注意の固着が絡んで来るんですね。例えばエレベーターの扉が開いた瞬間や、電車からホームに降りた瞬間に頭の中が真っ白になってしまうような体験を何度もしました。これは元いた空間の環境情報を理解して処理して把握しようっていう状況に注意がべったりへばりついていて、変化した環境のほうに注意が向けられない感じなんです。

山口　さっき話題になった右脳損傷の方に出やすい、注意の切り替えの困難という症状ですね。右前頭葉損傷では新奇刺激への脆弱性が生じ、新たな刺激や状況が変化したときに脳が混乱しやすいと言われています。

鈴木　脆弱性ってすごい言い得て妙ですね。新奇刺激が入ると、それまでの情報処理が崩壊するような感じで、まさに脆弱です。ただ感覚としては、その前の情報への過集中は崩されず、へばりついた注意をはがすのに大きなエネルギーを要することが、混乱の要因かもしれません。背景が変わっても、緑のままずっと色を変えられないカメレオンみたいな感じです。注意の切り替えが物理的に難しい感覚なんですよね。こうなると、心理面としてはまず、そのへばりついた注意をはがさなければならないタスクを与えた相手に対するいら立ちがあります。会話であれば、「その話題まだ終わってないじゃん！」という感じですし、作業を中断させられるときも同様です。ものすごく大事なことを必死に思い出そうとしていて、なんか思い出せそうだ！ってときに横から声をかけられたら「いま無理！」ってなりますよね。あの感覚が四六時中、あらゆるシーンで続いているような感じです。

山口　状況が変わったのに体の色が変わらずに混乱しているカメレオン！　またまた、イメージしやすいたとえです。

鈴木　その一方で状況の変化についていかなければならないときの心理としては、やっぱり焦りですね。必死についていこうとしているのに、まだ前のタスクに注意がへばりついていて、ものすごく混乱して焦る。焦ることによって余計に頭の中にあった課題が飛び、今何をしようとしていたのかわからなくなる。わからなくなったことによって、環境を強制的に変えた相手へのネガティブな感情も起こって、それによってまた思考が阻害されるという悪循環がまた起こります。

山口　「ヤバイ、ヤバイ」と思いながら、状況に合わせられず、それに気づけば気づくほど、混乱するという感じですね。

症状の変遷

鈴木　注意障害は一番初期から自覚的な症状でしたが、回復の経過としては症状の中の細かい分類によって、ばらばらに回復していった印象があるんです。例えば今回はお話ししていない症状ですが、発症直後には左半側空間無視と同時に、右側の情報に視線が固定して自力ではなかなか動かせないという過集中の症状がありました。これについては、視線を中央にもってこれるようになるまで半年弱かかったと思います。一方で、周囲の環境情報が全て脳に強制侵入してくるのが止められない症状は、一年ほどまでが一番つらい時期で、そこから徐々に緩和していきます。ただしこれは脳が疲れているかどうかや、周囲の環境の情報量に左右されやすく、五年後ぐらいまでは雑踏の中で頭が真っ白になるようなことが続きました。

山口　右側しか見られない、右の空間や空間にあるものに注意が引っ張られるというのは左半側空間無視の方に見られる「右への過集中」という症状ですね。また、周囲の環境情報の強制侵入は、注意のフィルターが作動しないという症状で、向けるべき対象に注意を選んで向けられないという注意の選択性の障害だと思いますが、それぞれ改善してきても、脳の疲れ具合と周囲の情報量次第で、症状が再現されることがあるということですね。視覚と聴覚では違いがあるのでしょうか？

鈴木　これが、あるんですよね。視覚と聴覚の情報処理機能の回復はバラバラで、視覚においてはデパートの一階のような刺激の多い空間にサングラスなしで入れるようになるまで四年。これは今はもう対策不要です。六年ほどで、百円均一の店や古本屋で目当ての商品を速やかに選べるようになりましたし、立ち食い蕎麦の券売機でたくさんのボタンの中から目的のボタンを探す速度なども、病前レベルに近づきました。一方で、聴覚においては、五～六年でずいぶん楽にはなっていますが、寛解ではないです。今でもターミナル駅の音環境の中に耳栓やヘッドフォンなしで飛び込むと混乱して行き先を見失うことがあるし、三人以上の会議で話者が自分の左右に居たり、かぶさって話したりすると、聞き取れなくなることが多いです。

山口 視覚の方は目をつぶるとか違うほうを見るとか、意志で多少コントロールできるけれども、聴覚は耳をふさぐ以外には対処法がない。しかもシャットアウトする情報と聴き取らなくてはいけない情報が同時に聞こえてくる中でそれを選別しなくてはならない。脳が混乱しそうですね。心理面に最も影響したとおっしゃっていたネガティブ記憶への過集中についてはどうですか？

鈴木 先に触れましたが、ネガティブな記憶の種が二十四時間頭の片隅にある問題について時系列にまとめてもう一度話しますね。その記憶に心の目が集中してしまったときに意図的に別の思考に移せた初めての経験が、発症から十カ月後。やはりその後の回復は段階的で、徐々に記憶の種が頭に残らなくなる、つまり嫌なことを思い出さなくなる。同時に、思い出したときに脳の切り替えをするまでの時間や労力が徐々に少なくなっていく。発症から四年目ぐらいでは少し変化があり、ネガティブな思考が止まらなくなりそうなときに、音楽を聴くことで一瞬でネガな思考から注意がはがれるという経験をしました。現在でも、どうにもいら立ちが収まらないときに一番効果的なのは、ヘッドフォンで音楽の世界に没入することかもしれません。

山口 音楽を聴いて切り替わるというのは、発症後十カ月頃には効果がなかったんですか？

鈴木 その頃はまだ全然無理でした。発症十カ月頃は、音楽を聴きながらとてもいい景色の中を散歩しているときでも、嫌な思考が急に出てきてそのことしか考えられなくなる状態だったので。

山口　そのあたりについて、もう少し詳しく聞かせてください。以前は効果がなかったのに、四〜五年経って変わったのはどのような変化だったのでしょうか？

鈴木　これは過集中の回復具合と関係がある気がします。過集中って、思考がボンドや接着剤のようにくっついて離れないイメージなんですが、特定の、特にネガティブな思考や情報については、強い磁石で引っ張られるような誘引力があるんですよね。この誘引力と接着力の両方が弱まったような印象です。

山口　過集中が弱まって思考の切り替えができるようになったということですね。くっついて剥がせないものを剥がす力がついてきたとも言えるかもしれませんね。

鈴木　体感的には「くっつかなくなった」ですが、実際には剥がす力もついたんでしょうね。同じ過集中でも、先ほど回復経緯でお話しした右方向への視線の過集中という症状に関しては日常生活の中で徐々に剥がれていった印象だった一方で、心理面の過集中については、自分の意思で剥がせるようになったとき、自分でコントロールできるようになったときのことを、場面まで明確に記憶しています。ネガティブ感情への過集中という状態がとてもつらかったから、記憶に残るほどうれしかったのだと思います。

山口　その背景には注意の選択性の障害が軽くなったことがあります？

鈴木　難しいですね。選択性の障害はどちらかというと、「全部が入ってきて全部を処理しようとする」だったり、「その中から特定の情報を見つけられない」、「特定の情報にだけ注意を向け続けられない」なので。でも、特定の音楽にだけ注意を向け続けることができたのは、選択性の回復かもしれません。それ以前は、音楽が良い効果だとしても、そもそもそこに注意を向け続けることができなかったかもしれない。

山口　それは注意の選択性の障害というよりも注意の固着という状況だと思います。選べないというよりも、感情に注意がつき動かされてそこから注意を引っ剥がせないみたいな。

鈴木　はい。本当にしんどかった症状なので、この注意のコントロールの不自由が当事者にとって苦痛を伴うことは、ぜひ支援職の方々に知っておいていただきたいポイントです。あとここで、情報処理速度のところでもお話しした、「コミュニケーション上での場の把握」に話を戻しても良いですか？　というのも、発症当初の僕は会話上での物事の理解をぜんぶ早とちりしているような感じがあったんじゃないかと思うんです。相手の話の冒頭だけ聞いて行動に移してしまうようなシーンが結構あって、その背景に注意の固着があったように思うんですね。

山口　行動が性急になりがちということも右脳損傷の方によく起こるといわれています。脳の容量が減っている状況で、当事者としては一所懸命状況に応じようと、情報の最初のほうに集中してしまう現象なんじゃないかと思っています。当事者のご家族から、「いろいろ話しかけても、一部にしか反応してくれない」ということもよく聞きます。

鈴木　たしかに情報処理容量の問題もあると思うんですが、注意機能も関係していると思うんです。

情報処理速度についてお話しした最後に、看護師さんにいくつもの判断要素のある言葉をかけられて冒頭の部分しか聞いていなかった話をしましたよね。話のはじめの部分もそうですが、特に話の冒頭で判断を求められる要素には強く注意が向き、それ以外の内容が記憶に残らない、もしくは聞いていないということがあったのではないかと。発症から日が浅いうちは、仕事の中でこうしたことが大きな問題になっていたように思うんです。

山口　今回の対談本もそうですが、本を作る仕事なんて大変ですよね？

鈴木　ええ、発症して真っ先に戻ったのが、多くの人の共同で進める漫画の原作仕事だったので、なおさらでした。仕事の流れとしては、まず僕自身の作り上げたシナリオの原案をもとに、漫画家や編集者の意見や希望を聞き取ってフィクスし、最終的な原作シナリオにしていくことを毎週やるんですね。漫画家や編集者からの要請の聞きこぼしはご法度なわけですが、無意識に内容の聞き取りに注意の偏りが生まれて、そのことで原作づくりがかなり滞ったように思うんです。今になって思えば。

山口　聞きこぼしてしまったことというのは、結果、本当に聞かなくてよいことだったのではないですか？　実際に重要ではない内容も当然あると思いますから、その場合は取捨選択が起こっても問題ないといえる気もしますが……。

鈴木　いえ……、そのとき起こったことを今振り返って、もう少し俯瞰的に見れば、相手の話を重要なものとして捉えられていない部分がありました。まず前提として僕が先に執筆した原作シナリオをもとにした打ち合わせなわけですが、僕の注意はその原作の流れにかなり固執・過集中していて、その流れのつじつまが合わなくなるような要請や、相手が原作をきちんと読み込みきれていないと思える意見については、たとえ一所懸命話してくれていたとしても、たとえそれが原作よりも良い提案だったとしても、軽視してしまっていることがあったんじゃないかと。

山口　自分の興味のあることには注意が向いても、相手が興味をもっていることに対して同じように注意を向けることは簡単ではないような気がします。それがうまくできなかったということですね。

鈴木　それですね。自分の興味や視点から注意をはがせない結果、相手の興味や視点を共有できない感じ。もちろんそこには、会議までに「原作をきちんと読み込んでおいてほしい！」という脱抑制的な激しい感情がベースにあったと思います。実際タイトな進行で、相手も原作をきちんと読み込む余裕が無い場合も多くて。結局、僕と漫画家の間の板挟みで、調整の部分をずいぶんと担当編集が負担してくれたおかげで、なんとか仕事が継続できたと思うんです。もちろん、相手の意見を聞き取っても記憶できない問題などもオーバーラップしていたと思います。もう、情報処理速度、容量、注意、記憶、あらゆるものの合わせ技ですね。

山口　注意と記憶だけでなく、どの情報が大事かという意味づけが関わっていますね。これは前頭葉がしている機能です。情報に優先順位をつけるという作業が頭の中でできず、自分の関心のある情報に注意がひきつけられていたということだと思います。あと、相手に対して「きちんと読み込んでない！」とネガティブな感情が生じると、より、情報に対し俯瞰的に見ることが難しくなりますよね。

鈴木　ああ、そうです。優先順位づけはものすごく混乱するし、脳が一気に重くなるんですよね。優先課題の絞り込みって頭の中でいくつもの可能性を組み立てていくことが必要なので、そうした遂行機能が壊れていると、本当に難しい。あとご指摘のように、脱抑制も大きく関係した合わせ技だったと思います。たしかに、ネガティブな感情が生まれた時点で、そうした俯瞰力は壊滅します。ということで、かなり僕の仕事に特化した話をしてしまいましたが、多くの当事者が訴える「仕事に戻れても会議にだけは戻れない」といった言葉にも、こんな背景があるんだと思います。

　まとめとして、注意障害における当事者の心理面としてすごく伝えたいと思うのは、やっぱりこの症状にもさまざまな苦しさが伴うことですね。気が散るという言葉と苦しさってあまりつながらないと思うんですが、全部の情報を脳が強制的に処理してしまうとか、嫌なものから思考が自力ではずせないというのは、かなりリアルな苦しさを伴う症状なんです。このことを言っても理解してもらえない不安やいら立ちの感情に過集中することでさらに混乱が助長される、自縄自縛の症状でもあること、支援者や周囲の人にもっとよく知っていただきたい部分ですね。

3　情動の脱抑制

脱抑制を自覚するまでの経緯

鈴木　情動の脱抑制、感情失禁とか易怒とかの症状についても、僕自身にはかなり初期――それこそ急性期病棟から自覚的な症状でした。ただし症状としては自分の中で三つに分けられ、それぞれがかなり異なった心理につながりました。一つ目は喜びや感謝・感動などのポジティブ感情が抑えられずに起こる、止まらない笑いや嗚咽を伴う号泣などの症状（感情失禁）。二つ目は怒りやいら立ちといったネガティブ感情の脱抑制としての症状（易怒）。三つ目は、あらゆる情動を平静に保つほど脳のエネルギーがないために起こる症状（不定愁訴）。常時号泣する寸前の子どものように心が何かの感情でパンパンになってとても苦しい状況ですね。これらは心理的にも、自覚した時期や自覚前後のプロセスも、かなり違っていたんです。

まず病棟生活の段階で最も自覚的だったのは、寄り添ってくれる妻や友人、あと特に身体の麻痺について驚くほど有効なリハビリ課題を提供してくれるOT（作業療法士）の先生たちに対する感謝の感情の爆発、感情失禁でした。あふれるほどの感謝で、ちょっとしたことで涙があふれ出てくるし、感受性も異様に高まって、ラジオから流れる音楽に感動して膝をついて号泣したり。

山口　本当に大変な時期だったのでしょうね。その頃、ご自身の感情が不安定だという自覚はありましたか？

鈴木　自覚としては、荒れ狂う情緒、特に涙とか感情の高まりで崩壊してしまう表情とか涙腺を自分自身でコントロールできない違和感というのが正しいと思います。中でも最もコントロールが難しかったのが、回復を促してくれるリハビリ医療への圧倒的感謝の爆発という感じ。涙だけでなく、鼻水も唾液も、顔面からあらゆる液体があふれ出るような感じで、感情失禁という言葉を考えた人は本当に症状を正確に捉えてるなって思いましたよ。

山口　その時期に回復を感じて感激できる患者さんは少数派かもしれませんね。

鈴木　そうかもしれません。ただ、高次脳の不自由の理解は遅れて立ち上がってくるものなので、僕みたいに麻痺が軽い当事者だと、初期は過剰な前向き感にとらわれる人の話は結構聞きます。あと、厳密には、僕が感動したのは回復にというよりは、手指の麻痺におけるOTやPT（理学療法士）のアセスメント精度の高さにだったと思います。あれはすごかった……。

一方で、ネガティブ感情についても同様に爆発的な増幅がありましたが、実は感謝の感情や感涙のコントロール不全感に比較すれば、さほど自覚的ではなかったんです。医師や看護師の心無い言葉にありえないサイズの怒りの感情が出てきて必死に耐えたり、注意障害の章でお話ししたように、飲み込んだ怒りが三ヵ月以上も毎日頭の中をぐるぐるしたりがあったわけですが、ポジ感情より自覚的ではなく、その後の理解や対策もずいぶん遅れて立ち上がってきました。その証拠に発症直後から一年までにあったことをまとめた一冊目の闘病記である『脳が壊れた』(鈴木、二〇一六)でも、ポジティブ感情の脱抑制を主軸に書いています。後々まで心理面における問題となったのは間違いなくネガティブ感情の脱抑制、易怒性なので、ここは集中してお話していきますね。

感情の中心は病前から変わっていない

山口　なぜなんでしょうか？　ネガティブ感情の脱抑制、易怒性についての自覚が遅れるのは？

鈴木　自覚と理解の遅れには、大きく分けて理由が三つあると思います。まず、当初の僕の認識としては、自分が異様な怒り方をしているという自覚はあっても、自分はそんな些細なことで怒る人間ではない、怒った自分をなかったことにしたい、そんな自分になったとは認めたくないという否認の気持ちが働いたことがあります。これは一冊目の闘病記に露骨に読み取れます。

山口　そうですね。前作、『不自由な脳』でも、ネガティブ感情を相手にぶつけることにあまり躊躇しない思考の人のほうが楽なのではないかというお話をされていましたね。鈴木さんの場合は、病前、ネガティブ感情について抑制意識の強い方だったのだと思います。だから、病後に抑制のきかない症状が出ることについて、つらく感じるのでしょうね。

鈴木　そうそう。認めたくないし、そんな自分はだめだと思って抑制することが、この症状による苦しさの根幹だったと思います。

二つ目、三つ目の理由は、もう少し複雑です。

まずは、こんなネガティブな感情が爆発するのはすべて障害のせいであり、病前の自分だったら全く怒らないポイントで、異常な感情が生まれていると「思おうとしてしまった」こと。これは自分はそんなに怒りっぽい人間でありたくないという否認の感情からくるものですよね。一方で、この理解とは全く矛盾しますが、実は病後に僕が怒りを爆発させていたのは、病前にも怒っていた部分だったこと。つまり怒るべきポイントで怒っているので、場面によっては自分が異様な怒りの感情を発露させていることそのものに気づかないシーンもあったということなんです。こんなにも怒るのは全部障害のせいだという認識と、その易怒的な爆発を自分がしていることに気づいていない部分が併存していたんですよね。

山口　そこに対しても、注意容量の低下が背景にあるのでしょうか？「おかしいだろう」という思いがあると、そこに注意が向けられるので、怒っている自分に注意が向かないのか、それとも、自己意識性の障害ゆえに、感情には気づくが、「怒っている自分」が以前とは異なる怒り方をしていることに気づかないのか。前頭葉損傷の方では「行きすぎた正義感」と言われる症状が出現することがありますが、その状態は正義感が亢進する一方で怒っている自分に対する感度が低下しているという状態だと思うのですが。

鈴木　そうですね。よくよく思い返すと、まず怒りが爆発した時点で、その瞬間の注意の容量はゼロだったと思います。怒りの原因となったことへの過集中と同時に、暴力・暴言をしないように必死に自分を抑えることに精一杯で、脳のリソースはゼロですから。それが症状かどうかとか、怒るべきことかそうでないかとかまで考える余裕はなかったと思います。そこからしばらく経ってから、やっぱり違和感を感じることになります。病前には怒りを我慢して手が震えるとか歯を食いしばって耐えるなんて経験はあまりしたことがなかったので、自覚まで時間が必要だったとはいえ、怒っている自分への感度は一応あったんだと思います。けれど、ここで、怒る自分を認めたくない「否認の感情」と、もう一方で怒っている事象が病前にも同様に怒っていたであろう事象なのであれば、その怒りがどこまで症状なのか、どこまで相手のせいなのか「腑分けができない」という二つのポイントが立ち上がってくる。

この、もともと怒る事象に対して怒っているからその症状に気づきづらいのではないか、出来事と症状が腑分けできないのではないかという視点は、発症からずいぶん経って、他の当事者さんを見ていく中で立ち上がってきたものでした。例えば明らかに脱抑制の症状を抱えている当事者さんが、家族に対してはものすごく感情を爆発させてしまって大問題になっているのに、仕事の場では全く何も問題化しないという話が複数ありました。聞くと、仕事の上では「理不尽はあたりまえ。それを何とかするのが仕事」というような価値観をもともともっている人だったんですね。もともと怒らないことだから、かなりの理不尽があっても増幅のベースになる感情がそもそもない。一方で家族についてはもともと怒る部分があって、それが症状によって爆発的に増幅されて問題化していることに自覚的になれない。

山口　その人の病前の性質によっても症状の出方に違いがあるということですね。今、鈴木さんがおっしゃられた、もともと不満があっても口には出さないし抑えていたけれど、それが発症を機に爆発する方というのは経験したことがあります。それと、もともと「こうあらねばならない」という信条が結構強かった方。そういう方にさらに「行きすぎた正義感」という症状が乗っかると大変かもしれない。

鈴木　信条をもとにした怒り。病前の性質と症状の出方。まさにそれです。僕なんか本当に、最悪のタイプですね。思い返せば僕自身、家庭生活でも仕事の上でも、もともと抱えている「こうあるべきだ」というイズムがたくさんあって、そこに反することを相手がしてきたときの易怒については自覚的でなかったし、時には「障害のせいで怒っているのではなく、相手が悪いから怒っているんだ」という他罰の方向に振れてしまっていたことが多かったように思います。「だって実際相手が悪かろう」と。こう考えると、実は易怒ってメタ認知が一番難しい症状に感じます。

山口　神経心理学的には、そうした怒りのコントロールは前頭葉が担っています。また、自分に起こっていること、自分の状態といったことに対するメタ認知も前頭葉が担っているので、リハビリで介入することもなかなか難しい領域です。

鈴木　メタは局在性の機能でもあると……。そうなると一層、メタできない当事者に対しては、やはり家族の側が非常に大きな困難を抱えることになりますよね。ただ、当事者側の心理としては、易怒についてメタ視できてしまった後のほうが、しんどいかもしれません。なぜなら同じ脱抑制であっても、ポジ感情は相手に対して膨れ上がる感謝や感動の気持ちを、そのまま出して一度号泣してしまえば良かった。もちろん「泣くぞ」って予告してからですが、一度泣いちゃえば、胸の中のパンパンはかなり楽になって、話ができる。

一方でネガ感情が抑制を逸した結果とは「暴言」や「暴力」なので、なんとかして自分の中で納めなければならない。それが異様だとメタできてしまった時点で耐えるしかなく、延々楽になれないわけです。さらに発作的な怒りの爆発はポジ感情の脱抑制とは明らかに感覚が違っていて、脳から誤った電気信号が送られているような感覚なんです。先ほど、易怒が爆発した段階で脳のリソースはゼロと言いましたが、本当に感情部分のてんかん発作みたいな感じで、通常のコントロールの範疇を外れていると思うことがあります。仮にこらえられたとしても、鬼のような表情で見た目にもわかるくらいぶるぶる震えながら歯を食いしばり、血圧を計ったら一八〇くらいあるみたいな状態になってしまう。

山口　感情を向けられる側にとってみても、ポジティブ感情の脱抑制は「まあ、まあ」(頭ポンポン）という感じですが、ネガティブ感情の脱抑制は後ずさりしたくなる感じですよね。支援者は受け容れがたく感じてしまうと思います。

鈴木　同じ当事者同士でも後ずさり感がありますからね。でも、メタできてしまった当事者の苦しさとしては、他罰的になってしまったとき、特に大事な家族などに不適切な対応をとってしまったのちの、自罰の心理があることも伝えたい。これは前作でも触れましたが、発症後の僕は症状そのものから起こる苦しさについて「こんなに苦しいなら死んだほうがましだ」と思うことはたびたびあったものの、それはリアルな希死念慮ではなく楽になりたいという気持ちでした。一方で「こんな自分は本当に消えてしまったほうがいい」という強い希死念慮が抑えられなくなったのは、妻に対して易怒を爆発させてしまったのちの自罰感情が原因でした。死んだほうが楽と、自分を殺したいは別物なんですよね。後者は、危ない。本当に一歩間違ったら死んでいた心理状態だったと思います。

山口　合っているかどうかわかりませんが、鈴木さんが生きていく上で大事にしていることを、自分自身が破壊していると感じ、自分自身を許せないという感じだったのだろうかと思います。

環境要因

山口　発症後の当事者の中に渦巻く不安や恐怖についても聞かせていただきたいです。不安や恐怖のせいで抑制がきかなくなり、怒りをこらえられなくなってしまうことがあるのではないでしょうか。

鈴木　それは大いにありますね！　脱抑制ってことは、常時感情のタガが外れているということです。でも実は感情を平静に保つってだけで、ものすごく認知資源[*7]を消耗する行為なんですよね。当事者はもうその場の環境情報の認知と把握だけで精一杯という状況じゃないですか。なので、まず僕自身は、ただ気持ちを平静にして周囲の環境を把握しているだけでそのとき使える認知資源を使い切っていて、常に不安定感や焦迫感で胸がパンパンで横隔膜がせりあがっているような不定愁訴の状況にありました。何もしなくても精一杯なのに、それに加えてリアルな不安や恐怖の感情が起こると、もう脳のリソースなんてないに等しい。相手の言葉や行動に含まれるであろう複数の意味を捉えて総合的に状況を考えるなんてことは、到底無理です。こうなると客観的に考えたら怒るほどのことではなくても、もう病棟でベッドの布団をたたきまくるみたいな異様な怒りの爆発に至ってしまうことになります。この状況は、認知資源がある程度回復するまでは、常時継続したと思います。

山口　「こういうこともあるさ」みたいな柔軟な意味づけが行えず、強固な思いにとらわれて、感情が膨らんでしまうのでしょうね。

＊7——注意力や集中力が必要な思考、判断に脳が使える資源のこと。

鈴木　そうです。そのリソースがない。これもまた、あとから思い起こして怒るべきところじゃなかったってことに気づいてしまうと、つらい。発症後、そうやって後から後悔して、手紙やメールで相手に謝罪するようなことが何度もありました。

山口　あと、発症後、環境の変化から情緒的に不安定になる人もいる気がします。会社では怒らないけど家では怒る、逆に家では怒らないけど会社で怒るという人がいます。不安や環境因によってその人がどういう心理状態に置かれるかによる違いがあります。環境的な要因が誘発しているのだとしたら、周囲が対応可能な部分とも言えます。だから、家族や支援者がこのメカニズムを理解することが重要ですね。

鈴木　あるでしょうねえ。たしかに易怒は相手や環境によってとてつもなく大きく左右されます。ただしこれは、相手が作り出す環境だけじゃなく、その相手に対して病前から抱えている感情なども大きく影響するからやっかいです。もともと緊張する相手や状況、もともと相手が自分にネガティブな感情をもっていそうだとか、逆に自身が相手にネガ感情をもっていると、その相手に接したりその環境に置かれるだけ――「その場にいるだけ」でもう脳の情報処理が一杯一杯の混乱状況なんです。こうなると発作的な易怒も出やすくなる。

山口　そのような混乱状態を同じように体験される方はたくさんいると思います。中でも、鈴木さんほど概念的に整理できない人もいるでしょうから、自分の置かれた状況も理解できないまま怒りという感情につながっているのかもしれませんね。落ち着かないというのか、心ここにあらずというのか。

鈴木　僕の場合は、先ほど言ったような目を覚ましている間ずっと胸がパンパンでザワついているような不定愁訴状態は発症から一年ぐらい続いていたと思います。周囲の環境情報の処理だけで脳のリソースを使い切っているような状況で、緊張してずっと横隔膜が上がりっ放しみたいな感じです。やっぱりその状況では、冷静に相手の言動を解釈できなくて易怒に直結していたケースも多いと思います。

あとリソースに絡む話としては、会社では働けないけど、カフェにノートパソコンを持っていけば働けるって当事者さんがいました。その方が言うには、会社のように自分の知る人たちが周りにいると、その人たちのあらゆる動きに「情報が含まれている」んです。だから、適切な姿勢、適切な対応で居続けるだけで精一杯な状態で、他者の一挙手一投足にものすごく感情が乱れてイライラしてしまうのだそうです。カフェは情報量が多くて、一見、選択的な注意の問題がすごく立ち上がりがちなシーンに思えますが、周りにいるのは気を遣うことのない赤の他人ばかりだから、情報が意味性を伴っていない。だから心が平静で会社よりずっと脳のリソースが確保できるということです。

山口　人って、特に日本人はそういうところが強いかもしれませんが、「相手にどう思われているのか」に注意を払っているんだと思います。なので、特に、会社のように自分の能力についてどう思われているのかが気になってしまう環境だと、常にそこに神経が向き緊張状態に置かれるのだと思います。その一方でカフェは、人はいても知らない人だし、他の人もパソコン開いたり、放っておいてくれる。音楽が流れていていてくつろいだ雰囲気であることも作用しているかもしれませんね。

コミュニケーションの困難

鈴木　ここまで、情報処理速度や注意機能の障害がコミュニケーションの困難につながっていたことを話しましたが、脱抑制はそれらの最終局面に感じます。

当事者は、まず健常者のコミュニケーションスピードや話題の転換についていけないことで混乱させられます。そして、必死に聞き取ろうとしていたところへ妨害的な情報を加えられることで、これから返答しようとしていたことが「脳内から奪われる」ような被害感情が立ち上がります。この「奪われる」感覚については、次節の記憶の障害でも詳しくお話しします。

このように他者との対話の中で発生するネガ感情が脱抑制的に増大してしまうことが、最終的にコミュニケーションの不自由感の本丸になってくるんですよね。実は、情報処理速度、注意、記憶といった機能がかなり回復した今でも、心理的なコンディションが悪ければ一気にこの困難が戻ってきます。影響を受けやすいのは物理的環境、人的環境、自分自身のコンディションですが、中でも一番強く影響するのは間違いなく人的環境です。苦手な人、嫌なことをされた経験のある人の前では、何年も前に逆戻りしたように脳の機能がどーんと下がり、しどろもどろでしか話せなくなってしまいます。八年経つ今もですよ。

山口　苦手な相手を前にしたとき、その相手に対して生まれる自分の中のネガティブな感情を抑えないといけないということが関係しているのでしょうか。つまり、感情のほうに脳のリソースをもっていかれてしまうというか……。

鈴木　そう。そこなんです。ご指摘の通り、今も残る脱抑制の症状によって、ネガティブ感情を抑制することとネガティブ感情への過集中が、この症状に影響していると感じます。いら立ちの感情に加えて、相手に対する緊張感も強く影響しますね。変なことを言ってしまうと誤解されたり攻撃されかねない、早合点で他罰的な相手が最も鬼門です。こうした相手には、言葉を必要以上に慎重に選ぼうとして言葉が出づらく、身体的にも胸が詰まり、心拍数も上がり、肩は下手するとつってしまうくらいバキバキな状態になります。こんなにも話せるようになったのに、相手と場面次第でいきなりこんな状況に陥るんですよね。この変動がすさまじい。

山口　健常者の体験する緊張などとは度合が違うものなのでしょうね。鈴木さんはもともと感情の抑制が強い方だったのだと思います。反対に、あまり自分を抑制することに重きを置かないような人の場合、同じ当事者でも、もう少し無邪気に振る舞っている気がしますね。前頭葉にダメージを受けると、自身の変化に気づかないこともあります。気分的にも楽観的になり、高次脳機能障害になってからのほうが鷹揚になったという人もいます。そういう人は鈴木さんと同じような心理的背景を持たないため、症状も出ないかもしれません。人によって幅があると思います。

鈴木　そうですね。でも僕がお話を聞いてきた当事者の中では、楽天的になる人の割合はかなり少ない気がします。事例としてはあるのでしょうけど、受傷部位がかなりピンポイントなんじゃないでしょうか。

山口　おっしゃる通り、割合としては少なく、どちらかというとネガティブな感情のほうに振れる人が多いですね。受傷後、うつになってしまうような人も多くいます。

鈴木　中には怒りの脱抑制が起こって、かつ楽天的になる人という例もあるのでしょうね。家族などに対して加害的になって、でも、自分自身はそれを深刻にとらえられないということになる。

山口　その場合、支援者が対応に苦慮する例ではあるでしょうね。

易怒と注意は合わせ技

山口　周囲の刺激に対する注意の切り替えが困難になるのと同じように、感情に対しても切り替えの困難が発生する機序が隠されているような気がします。右脳損傷の患者さんに注意の切り替え困難が起こりやすく、特に右の前頭葉に損傷があると、思考のセットを変換できない症状が出る人が多いと思います。

鈴木　すごくわかります。やっぱり注意障害と易怒の合わせ技が、やっかいなポイントなんですよね。正直、易怒だけだったらこんなにやっかいじゃない気もします。過集中は脱抑制をブーストする感じなんですよ。

山口　そのように、ネガティブ感情を消すことができない状況に陥る傾向の患者さんが一定数います。全く別人格のように感情の変化に振れ幅があって、ひとたびネガティブ感情に振れると、今まで親しくしていた人に対しても強い拒否反応を示す。周囲で関わる方が苦慮してしまうパターンですね。

鈴木　注意障害の部分で、ネガティブな感情を伴う情報に限って脳が過集中してしまう話をしましたが、やっぱり腑に落ちるのは、生命を脅かすようなものに対する注意が優位に働くって機序なんですよね。ネガティブ感情のフラッシュバックはたくさん体験したし、煮え湯を飲むように苦しいのに、ポジティブ感情のフラッシュバック――例えば、思い出し笑いのようなもので明らかに「これは症状だな」と思うような体験は数えるほどしかない。改めてこの機序について、もう少し掘り下げていただけますか？

山口　例えば、自閉症の方も同じような傾向があるし、健常の方であっても比較的そうなんじゃないかと思います。脳の中の扁桃体という部分が情動に関与していて、怒りや恐怖、あるいは不快感を生じさせます。生物は、生命の維持に必要な恐怖や危険のほうに、より反応するようにできているとする説があります。生命を維持しようとするメカニズムによって、人間が危機を感じた際の記憶が強く残るということです。

鈴木　やっぱりとても腑に落ちる理屈ですね。

山口　だから、このメカニズムは健常の方にも当てはまるんです。私もちょっと嫌なことがあると、頻繁にそれがふっと思い浮かぶような体験があるし、不快な記憶を夜寝る前によく思い出してしまって眠れないという人もよくいますよね。ポジティブなことを頭の中で繰り返してしまって眠れないという人はあまりいないんじゃないでしょうか。

鈴木　たしかに、嬉しくて眠れないことはなかなかないですよね。僕たち当事者のこのどうしようもないつらさが、健常者にもある程度共通するものだとしたら、周りの人に伝えるためのヒントになるかもしれないですね。当事者のネガティブ感情のフラッシュバックという症状、考えることを止められなくなってしまうつらさとそのメカニズムについて、もっとよく知ってもらいたいです。

山口　もう一つ、高次脳機能障害の方にネガティブ感情が起こりやすいことを説明するメカニズムがあります。左脳がポジティブ感情を、右脳はネガティブ感情をそれぞれ司っているため、左脳のダメージを受けた場合にネガティヴ感情が生じやすくなるという説です。脳損傷の研究では、左脳にダメージを受けた人がうつになりやすいというデータもあります。ただし、今回は右脳損傷の話なので、この話は参考に留め置きます。一般的に、扁桃体の過剰興奮や、扁桃体を含む大脳辺縁系の情動回路が強く賦活されるものの、前頭葉で感情をうまく切り替えるとか、視点を変えるということがうまく作動しないために、そのネガティブ感情の再生が自分の意図しないときに頻回に起こってしまうのではないでしょうか。

鈴木　そうですね。たとえるなら、絶対見たくないようなものばかりが映された動画があって、それが意図せぬタイミングでいきなり再生開始する。停止ボタンも壊れていて一度開始したら、ずっと再生されたまま、音量も最大のままという感じで、発狂してしまいそうなほどのつらさです。わかってほしいです……。

回復と対策

鈴木　僕自身の脱抑制の回復経緯については、正直自分でもどの程度なのか、微妙なんです。何かのきっかけがあれば常に号泣してしまうような状況は発症後六十日ほど、情動を平静に保つだけで認知資源を使い切ってしまって常時横隔膜が挙上しているような不定愁訴の症状は一～二年で解消しましたが、今も映画館で嗚咽が止まらなくなるほど異様な泣き方をすることはあるし、先日は当事者の集まるイベントで四回も泣いてしまいました。トークイベントの最中なのに笑いのツボに入って顔は真っ赤、汗びっしょりになっても笑いが止まらないこともありました。仕事上のことで怒りが抑えられなくて妻に「他の部屋にいたほうがいい」と言った後で机をバンバンたたいたり床を子どものように地団駄踏むといった行動をしないと収まらないときは、今も数カ月に一回はあります。

山口　それはびっくりです。

鈴木　症状は少しは緩和しているとは思うんですが、緩和したことよりも自身の中で怒りに対しての対策が取れてきたことで楽になってきた部分もあって、いま比較的穏やかなのが抑制機能の回復によるものなのか対策の効果なのかの腑分けがしづらいんですね。どういう対策かについても少し説明しますね。結局僕のケースでは、もともと怒っていたところの感情が増幅しているわけなので「怒っても仕方がないことだ」って自分の中で心底思えたら、それで怒りがわかなくなるんですよ。主に対人の怒りに関しては、「この相手にこの案件で怒りやすい」というバイアスがあることを理解したら、相手の側に立って「そういう言動をしてしまう相手側の理由」を探すとかですね。例えば畑違いの仕事の相手との間で「どうしてこんな当たり前のことができんのだ！」「その仕事はあなたの担当だろ！」といったことで易怒爆発のケースがあったら、俯瞰して、そもそも相手と前提となる知識や認識が共有できていないのだから仕方がないって思う。これが一気に楽になるんですよ。これ、認知行動療法に近いと思いますが、それを僕一人の自力でやってるというと、「それは相当に特殊なケースで、本来心理職やセラピストと一緒にやらないと無理」って言われることもあるんですね。ただ僕、それはそれでリスキーだと思うんです。

山口　リスキーっていうのは？

鈴木　僕のケースみたいに、もともと怒る事案に対して怒りを増幅させている場合、当事者には怒りの正当性があるわけです。ここで易怒の症状で感情が増幅してるんだというメタが立ち上がっていない当事者に他者が介入して「それは障害によるものだ」と言えば、自分は何も間違っていないのにっていう支援拒否につながってしまうからです。

山口　ああ、リスキーというのはセラピストの介入が支援拒否につながってしまうリスクがあるってことですね。これは支援全体に言えることですが、当事者がセラピストに信頼感をもてるかどうかが大事だと思います。信頼感というのは「自分のことをわかってくれる」「わかろうとしてくれる」と当事者が思えるかどうかで分かれると思います。「問題を解消しようしてくれる人」というよりも、「自分の大変さについて理解してくれている人」だと思えないと、自分の課題に一緒に立ち向かおうという気持ちにならないように思います。

鈴木　まさにそれですね。わかろうとしてくれる、**症状ではなく自分という個人を知ろうとしてくれる**ってことが、信頼の根幹です。ただ、その信頼関係を築くためのマニュアル化は難しいだろうし、当事者と支援者の相性の問題もやっぱりあるでしょう。怒りの種というのはその人の価値観や人生観そのものだったりします。そこに触れるのは非常に繊細で難しい面もあるので、一般に言われているセラピストへの信頼感よりはるかに高いレベルが要求されると思います。

山口　介入する時期も問題になると思います。当事者に病識がなければ支援は非常に難しいでしょう。例えば、社会的行動障害の激しい当事者が自身の障害を認知していないために、リハビリに通わされること自体に怒りを露にするようなこともあります。

鈴木　なるほど。介入の時期、それは大いにありますね。僕自身、病棟生活中に医師から易怒を指摘されたら、その指摘に易怒してました。それは病前から僕の中にドクター不信みたいなバイアスがあったからでもあります。当事者によっては、発症からしばらくの間には、症状を指摘されることを「障害者扱い」に直結させてしまうような固有のバイアスがあるようなケースも多くあります。

山口　障害に対する否認があり、他罰的になってしまう人もいます。支援者に対しても他罰的になってしまう場合、介入は難しいと思います。

鈴木　であれば、可能性はピアでしょうか……。僕のケースでは、単になぜ怒っているのかを人に説明して怒りの共有ができると、一気に楽になりました。また一方で、自分が何かの怒りや不安を強く抱えてものすごく苦しいときに、他人の不安や問題を相談されると、なぜか自分の感情のほうがスッと小さくなって無茶苦茶楽になった経験もあります。

山口　それはまさに「ピア」ならではの体験ですね。同じ立場の方に「わかってもらえた」という体験や、その方が「大変な中で頑張っている」ということが実感できると元気をもらえるという体験だと思います。

鈴木　あと自助努力としては、先ほど、その相手や事象に怒っても仕方がない理由に気づくと楽になるという話をしましたが、僕の中では一度それで気持ちが納得したら、そのことを紙に書いて壁に貼っておくこともしました。カッと来そうになっても、それを見ると一気に気持ちが落ち着くんです。「お守り」ですね。それで、僕にはこうしたお守りがたくさんあるんですよ〜ってことを同じ易怒で苦しむ当事者さんに伝えると、じゃあ自分もお守りになる考えを探してみます！ってなる当事者さんは結構いるんです。この「探してみよう！」ってところまで来たら、支援職やご家族が一緒に考えるのはかなり有効なのではないかと。僕もそのお守り探しのために、妻に「何で怒っているのか」「相手はどんな人なのか」ってことを話して、その中で落としどころを探していくことはよくやってます。妻はめんどくせえ！って言いますけれど（笑）。

山口　アンガーマネージメントで言うコーピングの一つのマントラという方法でしょうか。紙に書いたものを見ると「そうだった」と気持ちが落ち着かせられたり、「怒っても意味ない」と怒りを収めたりできるという方法だと思います。鈴木さんは奥様に話す中で、怒っている理由や相手の人のことを言葉にし、違う見方についても言葉にすることで、怒りを切り替えておられるように思います。

鈴木　なるほど、すでにメソッド化されているものであれば、さっきの「探してみよう！」の先の当事者支援として、ぜひ取り入れてほしいです。というのも、紙に書き出すとか気持ちの落としどころを見つけることも、自力でやろうとすれば、またものすごい怒りと我慢の苦しみの中でやることになるからです。情けない話、お守りの言葉を壁に貼るという話も、貼る前に力一杯破って丸めて窓から投げてってことをしていました。やっぱりつらさを伴う作業なんです。誰かと一緒にやれると、すごく助かります。

身体へ回帰する心理

鈴木 ポジティブ感情の脱抑制と、ネガティブ感情の脱抑制である易怒は別物に感じるという話をしました。脱抑制という症状の中でも、怒りという感情だけは特筆して大きく感じられるものです。脳神経に流れる電気信号の量が明らかに間違ってしまっているような……そんな感覚です。また、てんかん発作のように、そのときの記憶が残らないという当事者さんも複数いました。自分が暴力や暴言を振るったときの記憶が一切なく、後から言動の証拠を見せられて、自分に絶望したっていうんですね。

山口 てんかん発作と一口に言っても、大発作、小発作といろいろありますが、てんかん発作は脳内のニューロンの異常な興奮です。側頭葉てんかんの一部の方には、発作後に攻撃的になることもあるようです。また、発作と発作の間には不機嫌な状態が見られることが知られています（山田、二〇一一）。

鈴木 異常な興奮という言葉は当事者の感覚として腑に落ちるものです。そのような場合は、医療的なアプローチも必要なのでしょうか。

山口 文献によれば、てんかんのある方の精神症状には服薬治療が有効だとあります。しかし、てんかんのある方の精神症状について見逃されている、日本ではてんかんの診療が神経内科に移行されがちで、てんかんのある方を診療している精神科医が決して多くないといった記載もあります（山田、二〇一一）。

鈴木　僕のケースとしては、怒ったときに頭がくらくらして、頭全体がぼわんとして、易疲労のときと同じような状態になります。文字どおり頭に血が上っている感じで、実際に測ると血圧は高い。左手の麻痺が戻ることもあってタイピングが難しかったり、ろれつがコントロールしづらくなることもあります。僕なりの解釈としては、怒りの発生とその抑制に脳の認知資源を一気に使い果たして、発作的な易疲労に陥っている状態です。

山口　脳に損傷がない方でも、怒ったときに手がぶるぶる震えるというのはあると思います。脳に損傷があると、それが麻痺として一時的に表れるのかもしれません。私もたしかにそういう方に行きあったことがあります。怒りというのはきっと脳のエネルギーをすごく使うものなのでしょうね。

鈴木　そこに血液が集まっちゃって他が虚血しているというのは、当事者感覚的にとてつもなく腑に落ちます！　本当に怒った瞬間に貧血に近いような状況に陥る。そんな話を聞くと、脳の血流を測りながら怒りの状態を試してみたいですね。ｆＭＲＩは過去に一回撮ったことがあり、結果としては、先生の仰る通り、抑制部位に血流がたくさん集中していました。その当時は一日中緊張しているような状況だったので過抑制だったんだと思います。

山口　そのような状態だったのはいつ頃のことですか？

鈴木　発症後、ちょうど三年の時期です。身内に限定すれば何とか発症前レベルのコミュニケーションをとれるというくらいまで回復したばかりの頃です。その頃、ヒステリー球がすごくて、いつも喉元に卵があって胸がつまっているように感じていました。

ネガティブ感情の向かう先

鈴木　あと少々個別的な症状で蛇足かもしれませんが、ネガティブな感情に関して、入院時に非常に強く感じていたものについて触れたいです。

山口　先ほどは病棟にいる頃はポジ感情のほうを自覚しておられ、ネガ感情はあまり自覚していなかったというお話でしたね。

鈴木　基本的にはポジティブなんですが、病棟に閉じ込められて行動範囲が制限されていることについては、猛烈な拒否反応があったんです。行動制限はまず病室とトイレの間、病室のフロア全体、病棟全体、病院の敷地全体と徐々に解除されていくのですが、この制限が猛烈に苦しくて苦しくて、棺桶の中に閉じ込められて身動きが取れないような閉塞感で窒息しそうになりました。夜間に過換気の発作を起こしてしまったりもしました。当時の手記には「当事者の人権を無視した行動制限を許せない」といったことが書いてありますが、精神科閉鎖病棟の経験者や元受刑者から聞いた拘禁反応に非常に近い気がしました。なお、この心理症状については、僕と同じくもともとフリーランス、自営業だった当事者から、同じような経験を聞きました。集団の中で、決められたことを無条件で受け容れたり行動制限を受けることに慣れておらず、あらゆることを自由決定する習慣の中で生きてきたからかなと思います。「あらゆる人権や自由意思を奪われて奴隷になったように感じた」と表現されていましたが、非常に共感します。

山口　そうした強い感情に翻弄される人たちとは対照的に、ぼーっとして見える人たちもいます。自分の感情に気づかない、感情そのものが起こらないといった状態に見える人たちもおられます。

鈴木　ラスクモデル[*8]（図❶）の一番下層から崩れてしまっている人と、そうではない人との差ですかね。

山口　実際にはいろいろな方がいますから、一概には言えませんが、おおまかにはこのぼーっとしている群、いら立ちが強い群、落ち込みが強い群というタイプ分けができる気がします。

鈴木　わかります。思い返せば僕も発症から二週間ほどは覚醒レベルが非常に低く、起きているだけで精一杯でした。傾眠状態だったと言えると思います。この時期にも妻に怒鳴ったりはありましたが、我慢して耐えても出てしまったという感じでは全くない。感涙や感謝のコントロールができないことや拘禁反応に自覚的になったのは、その後もう少し覚醒度があがってからのことです。

＊8――アメリカのラスク研究所によって提案された高次脳機能障害の構造モデル。神経心理ピラミッドとも呼ばれ、認知機能の階層性をわかりやすく示している。

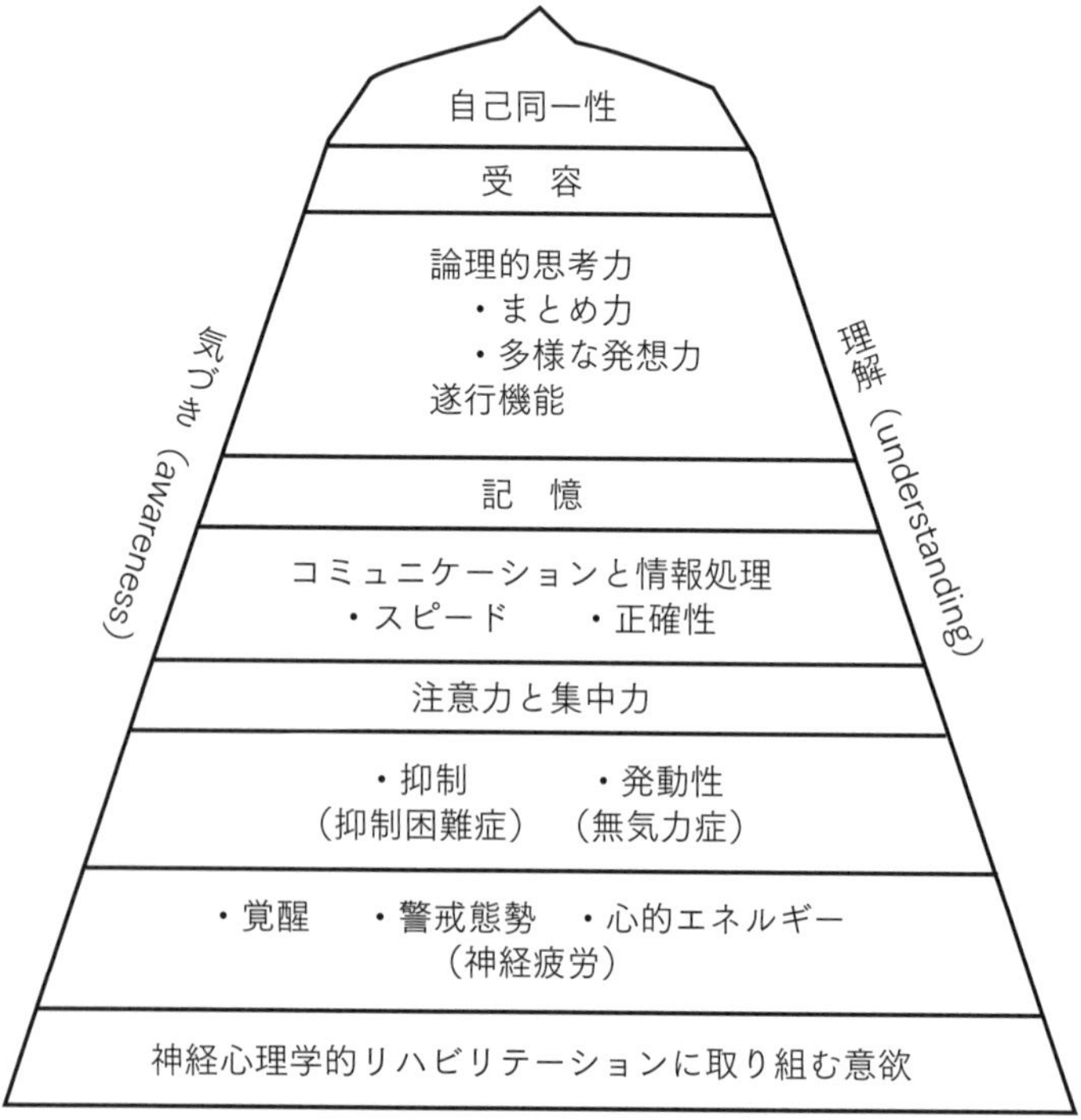

図❶　ラスク研究所の神経心理ピラミッド

山口　おそらく、そのような発症後すぐの時期に感情をコントロールできないことを自覚できる人は少ないように思います。また、嬉しいという感情が生起する人は稀で、どちらかというと、怒りや落ち込みといった負の感情に乗っ取られてしまう人が多いと思います。鈴木さんのそのころの感情の種類についてもう少し伺ってもいいでしょうか。

鈴木　基本的にすべての感情について抑制がなく、素の感情がそのままのサイズで出てしまうような状況だったと思いますが、より強く自覚できたのが感謝や感動の爆発と、それに伴う感涙。嗚咽を伴って号泣してしまうこと。それをコントロールできない異様な不自由感だったということだと思います。拘禁反応は自覚しましたが、それを言っても仕方ないので、早く身体面のリハ目標に到達して退院したいというほうに振れました。一方でネガティブな感情については存在はしたけれど自覚的ではなく、メタが立ち上がるのが遅れたという印象ですね。

山口　周囲へネガティブな感情をぶつけてしまうことはありましたか？

鈴木　ありました。先ほど言ったように、発症直後、それこそ発症翌日とか翌々日の段階で、妻に対して「お前に殺されかけた。俺が倒れたのはお前が働かず家事もしないで俺だけワンオペで家庭を維持してきたせいだから、この後はお前が働いて一生俺を食わせていけ」といったことを怒鳴ったそうで、それを聞いていた友人がこんなことを言うようになってしまう障害なのだと大ショックを受けたそうです。あとは見舞いに来た父親が、僕が額に汗をかいていることを指摘するやいなや「そうやって俺を不潔な存在として扱うから俺は実家に帰らないんだ！」みたいなワケわからん強い言葉をあびせてしまったことも。たぶん僕が父にそこまで強い否定の感情をぶつけたのは生まれてはじめてだったので、父も大いに戸惑ったと思います。後で手紙で釈明しましたが。他に激しい怒りを感じたのは発症から四十日ほどで、回復期病棟の主治医だった脳外科医に対してですね。いろいろ苦しいとか不安だという訴えをしても立板に水で、単に再発リスクしか見ていない医師で、「あんたがこの病院で僕の苦しさに寄り添ってくれるOTやSTさんより倍以上の給料をもらっているのは許せん」と。これは口には出しませんでしたが、見舞いに来た取引先の担当に心情を吐露して、やっぱりドン引きされました。ちなみにリハ職の給与問題については、今も同じようなことは思ってます。

山口　伺えてよかったです。発症直後に心無い言葉をあびせられたご家族の方に、この話を教えてあげたいです。

鈴木　明らかに言いすぎですが、妻に対しても父に対しても、確かに抱えていた感情ではあります。医師に対しても、僕は病前の取材経験から医師の権威性とか医療現場のヒエラルキーについて非常にネガティブな感情をもっていた面があります。こうなると、支援側も当事者との相性を考えて、担当する支援職の方を変えるなどの対応も必要になるでしょうが、難しいですね……。例えば、僕はリハ職や心理職などに対してはもともと強く親和性を感じていましたが、当事者の中には逆に医療現場で支援職を過剰に地位の低いコメディカル扱いしたり、女性の支援職に対してマンスプレイニングな振る舞いをする人もいます。こういう当事者に対しては、僕にとって鬼門である高齢で権威を感じさせるような支援職が当たるとか。

山口　さまざまなケースで、支援者が当事者からネガティブ感情をぶつけられることは起こりえます。そうしたとき、背景にある患者さんの心理を理解できると支援者側は感情的にならずに最善の対応がとれると思います。当然、支援者の対応に非があることもありますが……。

鈴木　とはいえ、やっぱり脱抑制は支援者の消耗にもつながるし、消耗した支援職と消耗したご家族がセットで手を組めば、当事者との関係性は間違いなく敵対的になります。孤立したら生きていけない障害なのに、脱抑制は孤立に直結しかねない。本当に厄介な症状だと思う。なので脱抑制についてはやっぱり、前景にあるネガティブ感情だけでなく、背景にある当事者の思考やバイアスの理解とか、自己理解を立ち上げるためのピアとか、多方面からの支援が必要だと痛感します。

山口　はい。また、支援はチームアプローチで成り立つものなので、チームの他の人と情報を共有して支援できるといいと思います。

鈴木　本当にそうです。脱抑制に携わる支援職やご家族は、とにかく個人に支援要請が集中して消耗してしまうことがものすごく怖いです。自覚的になればなるほど当事者自身にとっても非常に苦しい症状ですから、ピアも交えて負荷を分散していけたらいいですよね。他に脱抑制について、難しいケースに対する支援のポイントといったものがあれば、教えていただけませんか。

山口　解決策が簡単に出ないようなケースというものが確かに存在します。重要なことは脳という生物としての側面だけでなく、**当事者の歴史や社会的環境も含めたアセスメント**[*9]であり、アセスメントができる仕組みが整っていることだと思います。

鈴木 なるほど、歴史や社会的環境。そこまで生きてきた人物的背景のアセスメントですね。とはいえ、どの症状をとっても個別性のある障害ですから、せめていくつかよく見られるパターンへの対応策をもつことはいいような気がします。例えば、僕のような権威への抵抗型バイアスに根差したネガティブ感情・支援拒否を起こしやすい当事者みたいな。

山口 その人の価値観とも言えますね。エヴァンス（Jonathan, J. Evans）が提唱している脳損傷後の生物心理社会モデル（図❷）の中でも、その人の価値観というのは重要なキーワードです。

＊9――このようなアセスメントを「生物心理社会モデルによるアセスメント」と言う。

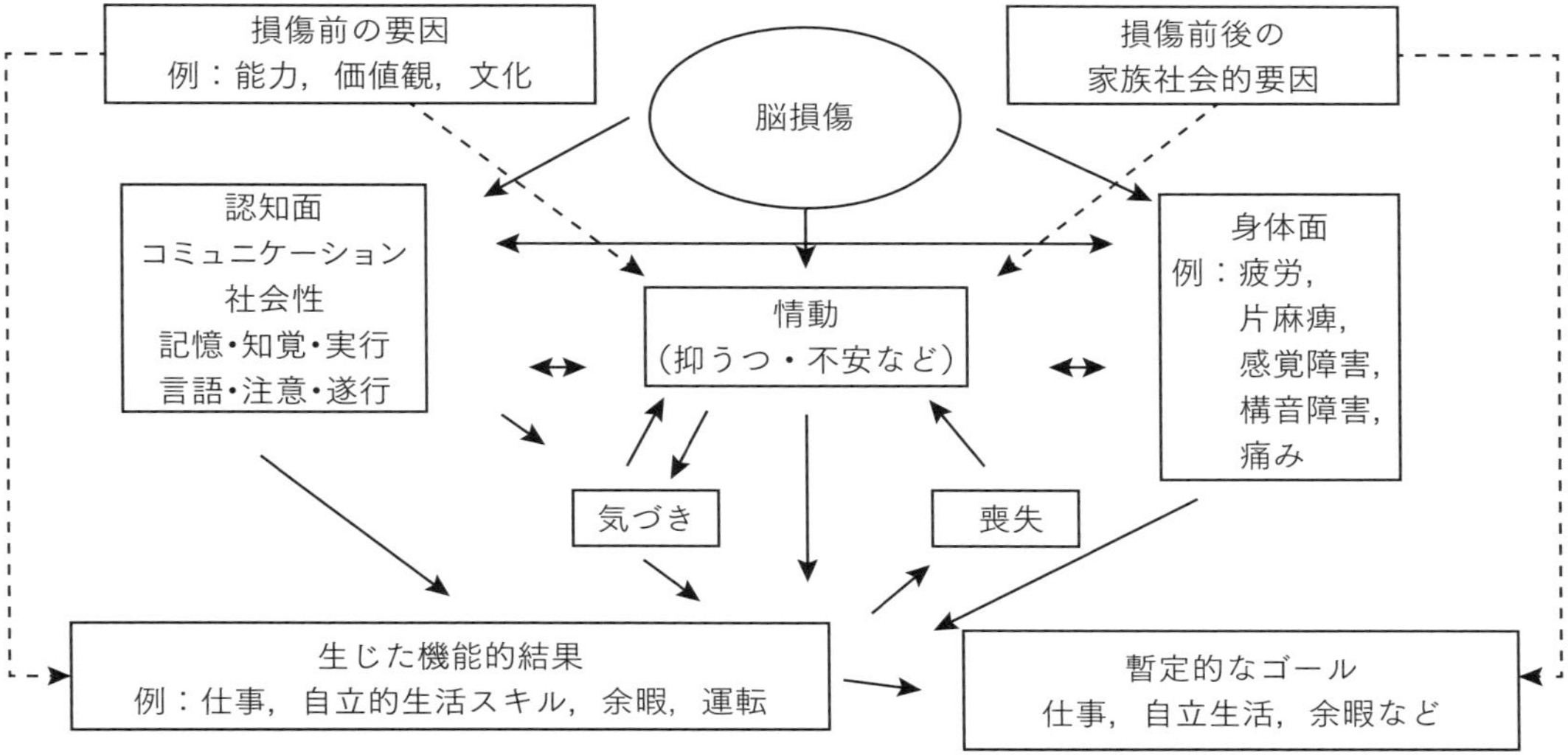

図❷　脳損傷後の生物心理社会モデル（Wilson et al.（2009）の図を山口訳・一部改変）

4　記憶力の低下

注意障害との連動

鈴木　ここまでお話しした情報の処理速度、注意障害と情動の脱抑制については、ある程度初期から自覚的になれた症状でしたが、実は自身に記憶面の問題があることを自覚するまでには、発症から一年半近くかかっています。仕事への復帰度を高める中で、記憶がらみのトラブルが頻発したことで、ようやく気づいたんです。冒頭にお話ししたように、僕自身の現状の困りごとの中心になっているのが記憶の問題であるにもかかわらずです。

山口　記憶障害というのは、重い場合は周囲が気づきますが、さほど重くない場合は、本人も周囲も、普段話しているだけではわかりづらいところかもしれません。

鈴木　そうなんですよね。病棟に入院していた時期から、購買で支払いをするときに、言われた会計額を憶えていられないなんて症状はあったわけです。それでも記憶障害に自覚がなかったのは、まず第一にカルテに記憶のことが記載されていない、つまり神経心理学的な検査の上で数値に出るほどの低下ではなかったこと。さらに僕自身の中でその「憶えていられない」が注意障害のせいで、きちんと憶えておくべき情報に注意が向けられないとか、妨害的な情報に注意が向いてしまうせいだと感じていたことがあります。加えて、初期は他責化もありました。

山口　その解釈は間違っていないと思います。そもそも注意が向いていなかったことは記憶としてストックされないので。

鈴木　やっぱり注意機能の低下がベースにあるんでしょうね。ちなみに急性期病棟に入った直後は、病棟生活のしおりが読めませんでした。読んでいるうちに前の内容を忘れてしまって、意味が理解できないのです。ところが当時の僕は、何て下手くそな文章なんだろう、何て不案内な書き方をするんだろうって思いました。絵にかいたような他責化ですね。それから、妻が持ってきた子どもの折り紙教本を試したことがあって、本を見て、次に手元を見ても一致しないということがあった。そのときもやっぱり、本が悪いと思いました。あとは構成失行や、空間認知的なものだと思っていました。

山口　その解釈も正しいと思います。右脳損傷は視空間認知が悪くなることが少なくないので、メンタルローテーションと言って目で見た情報を頭の中で回転させることが苦手になります。なので、折り紙は右脳損傷の方には高度だと思います。また、記憶障害に関しては、記憶の検査は

「覚えておいてください」と言われたものを覚えておき、「さっきは何と言われましたか？」などと促されて思い出す仕組みになっています。しかし実際の日常生活では、自分で覚えるべき情報を判断し、必要なタイミングで自発的に思い出すことが求められます。

鈴木　それです。憶える力は当然注意が向いていなければ機能しませんが、思い出す力は本当に実務上でトラブルになって初めて実感した感じ。さらに注意機能が改善していく中で、純粋に記憶の機能低下が前景化してきたような印象なんですよね。ちなみに実務上のトラブルというのは、発症後一年半、取引先と打ち合わせを頻々とするようになったときに、どうしてもすっぽかしちゃうんですよ。約束した日に約束の場所に行ってみたら誰もいなかったり、自分でとったメモのとおりに行っても、待ち合わせ場所を間違えて書いていたりする。つまり、相手から聞いたことをメモするまでの短い間に忘れて、誤認している。これは注意の問題も込みですよね。でもいざトラブルになっても、メモは残っていても、それをいつどのように書いたか、約束したこと、その人と前回会って何をしたのかとか、そういうことをひっくるめて全然憶えてないんです。

山口　回復期リハでは記憶の検査をされましたか？

鈴木　していると思いますけど、先ほど言ったようにカルテには記載がありません。カルテに書かれていたのは、注意障害、左半側空間無視、構成失行、遂行機能障害でした。

山口　記憶についてどんな検査をやったか覚えていたら教えてほしいのですが、図を見て、後で同じものを選ぶという検査はやりましたか？

鈴木　おそらくそのような形式だったと思います。あとは言われた言葉の復唱、言われた何桁かの数字を逆に言う課題もあったような……。

山口　やはり、当時、記憶障害の検査では引っ掛からなかったということですね。その検査はＷＭＳ－Ｒ（Wechsler Memory Scale-Revised）といって世界で一番使われている記憶力の検査かもしれません。しかし、この検査結果がよくても、日常生活では記憶力の低下がみられる人が結構います。日々の生活ではさまざまな情報があり、覚えておくべき情報を入力すると同時に自分で選択し、必要なときに自発的に思い出すことができないと支障が生じます。

鈴木　検査結果に表れない問題については、記憶障害と注意障害の問題が確実に連動していることが関係しているように思います。検査のように「はい、憶えてくださいね」と提示されたものはなんとか憶えられても、日常生活では「これだけは絶対憶えてください」なんて言われることはまずないですよね。憶えるためのスタートラインとして、注意が働くことが必要。でも、病前だったらそんなこと言われなくても忘れるはずがなかったので、日常生活の中で「憶えようとして憶える」という対策が習慣化するまでは、年単位で時間がかかったように思います。

記憶を奪われる

鈴木　記憶障害から起こる心理に関しては、まず憶えておきたい記憶を他者によって強制的に奪われてしまうシーンで、大きく心が乱れました。例えば注意障害では妨害的な情報の中でもネガティブな感情にかかわる情報に注意が強制的に誘引されることを強調してお話ししましたが、僕の苦手だった横柄な中高年男性の声も、駅構内の盲導チャイムも、それに注意がもっていかれた瞬間に、今考えていたこと、憶えておこうとしたこと、やろうとしていたことが、頭の中から強制消去されてしまうんですね。あと、コミュニケーションでは、話の流れに一貫性のない方との会話に大きな困難を感じました。会話の途中で相手が、僕の気にかかることや理解の難しいことを言ったり、思いがけないほうに話題を転換してしまうと、そこに注意が固着した瞬間、相手がそれまでに話したこと、自分がどのように返答しようかと考えていたことなどが、真っ白になってしまうんです。そして、ここで立ち上がるのは、「俺の記憶を返せ！」という他罰的・被害的な感情でした。もちろんそのネガ感情に注意が固着することで、余計に記憶も大幅にスペックダウンしますよね。

山口　「やだな」とか「まずい」などの感情が生起すると、記憶するどころではなくて、出てくるのは「覚えられなかったじゃないか！」という感情ですかね。

鈴木　そうですね。沸き上がったネガ感情への過集中もありますが、その前段としてどれほど冷静に構えようとも、やっぱり妨害的な情報は記憶を奪います。必死に憶えようとしていた、なんとか消えないようにしていた頭の中の黒板の内容をズバッと消されるわけなので、「俺の記憶を奪うな！」のほうが近いでしょうか。その感情で二次的にまた頭の中を真っ白にされるようなプロセスです。

山口　なるほど。記憶は注意の次のプロセスだということですね。

鈴木　そうです。注意を奪われると記憶も奪われる。また、実務上で一番心理が乱されたのは、一つの仕事を頼まれて、それをやり終える前に中断されることです。電話がかかってくるとか、特急で対応しなければならないメールがくるとかもありますが、やっている作業は納期を遅らせてよいから他の仕事を先にやってほしいとか、今やっている仕事の仕様を少し変更してほしいといった要請も、大きな被害感情につながりました。本来なら、納期を延ばしてもらえたり、完成前に仕様変更を言ってくれることは、ありがたいことですよね。でもこれが、心理的には激しい妨害感、被害感や他罰につながるものだったんです。

山口　あー、わかります。「今これやっているのに!!」という感じですよね。

鈴木　あ、わかるんですね。僕、案外サービス精神旺盛というかフットワークを売りに働いてきたので、病前は仕様変更とか突発で入る依頼とかそれによる納期の組み換えとか、一切苦痛に感じなかったんです。むしろ腕の見せ所だ!ぐらいに思っていた。なので、その中断ができないことに、激しい違和感を感じました。やっている仕事の中断がなぜそれほど困難か。まず第一に、何かの作業に一度集中すると、そこから注意をはがすのに「よっこいしょ!」という感じでものすごくエネルギーを使う必要があること。これは注意障害の特性ですが、問題はこうしてせっかく注意をはがして中断しても、相手の要請にこたえた後に元の作業に戻ったときに、中断前まで自分が何をどこまでやったのかが記憶になくて、最悪、作業の最初からの確認作業になってしまうこと。これが記憶の問題です。ここで最もつらいのは、進捗具合と同時に、作業を今後どう進めるつもりだったのかといった「構想やアイディア」の部分まで記憶から奪われてしまうということです。何かいいアイディアが頭に浮かんだときに横から声をかけられることで忘れてしまって、「勘弁してくれ！」となることは健常者にも理解できると思いますが、記憶に障害があるってことは、あの一度忘れた構想が二度と戻らないんですよね。構想というのは、作業を進めていく中で構築されていく思考の財産のようなものなので、それを他者の都合による作業の中断で奪われることには、ものすごい被害感情が立ち上がりました。あと、その中断による損失をリカバーするために膨大な時間と労力がかかるのも、心理的に相当耐えがたいものがありました。三十分作業を中断させられると、その前にやっていた仕事の納期が丸一日延びるといっても全然大げさではないです。

山口　まさにワーキングメモリー、ちょっとの間、脳に留めておいたはずの情報が注意を切り替えたとたんに消えてしまい、思い出そうとしても思い出せない。貴重な脳内財産を奪われた感じですね。

失敗と積み重なる不安

鈴木 なお、その他の症状と比較して、記憶の障害とこの後にお話しする易疲労の問題については、病後時間が経つほど、業務への復帰度や仕事の幅が広がるほどに、心理面において大きな障害となって立ちはだかってくる症状でした。記憶については、今の自分が何の仕事を抱えていて、何がどのぐらい進行していて、何が次にやるべきことなのかといった課題と状況の把握が難しく、常にあいまいなことが、大きな不安につながるんですよね。きっちり把握できているのは、直近に締め切りがあって今目の前で進行している仕事だけで、特に、この締め切りに猶予があっていくつかの仕事を抱えているというときに、その不安の心理が立ち上がります。

山口 その日にやらなければいけないことを複数頭の中に描けないといった状態ですね。

鈴木 はい。その日だけじゃなくて、過去にやったことも未来にやるべきことも、すべてがあいまい。何もかもを漠然としか把握できてなくて、例えば、夜中にふと目が覚めたときに明日の予定を誤って記憶してないか、何か大事なことをやり忘れていないかと怖くなり、手帳を見に行くということがよくあります。一日に何度も手帳を確認する当事者も多いでしょう。僕は結局、仕事机に置いた小さなイーゼルに手帳を立て掛けて、常に視界に入るようにしていますし、外出時とか特に講演会講師の仕事があるときなどは、その日の予定で間違えてはいけないことは全部手の甲にマジックで書いておかないと安心できません。仕事の進捗管理も、抱えている仕事は案件ごとに依頼のメールから現状の進捗まですべてプリントアウトしてファイルにして、壁に掲示するようになりました。それでも実際に仕事をすっぽかしてしまったり、人に迷惑をかけたり、締め切り直前にこなしていないことに気づいて、大パニックになりながら何とか間に合わせたりといった経験が何度もあります。

このような失敗経験が積み重なることで不安は強化されます。発症して間もない時期はマルチタスクそのものが全くできませんでしたが、少し回復して業務量を復旧させていく中で、失敗が積み重なって不安が強化されていく。思い返せば、自分の病前から続けていた漫画原作と回復体験の執筆作業だけ行っていた病後数年は、楽な状況でした。当事者にとってマルチタスクが困難になることはある程度知られていますが、マルチタスクというのは手元の作業といったミクロなものから、中長期の業務計画といったマクロなものまであるんですよね。発症後時間が経ってある程度マルチタスクが可能になってきた際の、過渡期の心理面については、非常に支援が必要なところだと思います。

山口　回復していろいろなことができるようになったからこそ、困難な状況が生まれるということですね。これは、周囲から見ても回復度がめざましいことで、見過ごされることがあるかもしれません。

鈴木　そうなんです！　回復の結果、頑張ればなんとか人並みにやれてしまうようになると、周囲も善意や期待から、健常者ペース、病前ペースのマルチタスクを求めてくるんですよ。そこに悪意はないんですが、正直悪意がないとわかっているからこそ、自分自身でも自分に期待したくなってしまうからこそ、当事者は自分を追い込みます。

山口　もちろん、病後間もない時期に比べて、鈴木さんの仕事量が増えていると思うので、単純な仕事量から来る大変さも考えられますが、課される負荷の増大が不安を強化しているのか、それとも、やはり、先ほどおっしゃったように、失敗した経験が蓄積されることが不安を強化しているのか、どちらでしょうか？　おそらく、両方なのではないかという気もしていますが……。

鈴木　おっしゃる通り、両方ですね。僕の場合は実務量が増えただけじゃなく、病前よりも依頼から納品までが長期スパンの仕事が増えたという環境変化も、記憶面については大きくネガティブに影響したと思います。急ぎの仕事が減ったならいいじゃないと思われがちですが、長期のマルチタスクって短期のマルチタスクとは対策が別物で、僕自身は病前にあまり経験していなかった新規課題なんですよね。なのでなおさら失敗の蓄積と、抱えている仕事の把握ができていないことが、予期不安につながります。僕のように夜中にスケジュールをチェックせずにいられない当事者などは、強迫神経症的になっていて、不安が不安を呼んでしまっている状況です。強迫症の患者さんによくある、水道の蛇口を止め忘れたのではないか、玄関の鍵をかけ忘れたのではないかといったことと同じですね。

山口　今のお話は記憶障害の困難と、心理面への影響やその変遷に関する、とても貴重なお話だと思いました。特に、高次脳機能障害について十分に説明されないケースで仕事に就いてから困難に直面し、うつや強迫性障害になってしまう方が少なくありません。小児期に発症された方で、大学まで出ても、仕事でのミスが多かったりうまくいかなかったりして、その原因を理解できず、心療内科を受診される方も珍しくありません。

鈴木　痛いほど気持ちがわかります。これはどれほどわかりやすく説明しても他者理解が困難な問題ですし、健常者社会に生きていく中で当事者さんが本当に不利な状況に追いやられる症状でもあると思います。自分の発言や行動に関する記憶が抜けてしまうことで、自分が理不尽に不利な状況に追い込まれたり、無責任な人間扱いされてしまう問題もあります。このようなことは、特に若くて立場の弱い当事者にとっては致命的でしょう。

山口　よければ、もう少しお話しいただいてよいでしょうか。

鈴木　例えば、相手から「前には○○と言っていた」「君がやると言っていたんだからやってほしい」などと言われても身に覚えがないことがあります。そこで言ったかどうかを争うことになると、自分自身でも自分の記憶に自信がもてない分、自身の正当性を主張できず、一方的に相手の言い分を認めざるを得ないということです。これは他者から仕事に責任感がないやつだと思われてしまうふがいなさもある一方で、こちらが言ってないことを言ったとされてしまうなら、不安というより実害を伴う恐怖そのものです。なので、僕自身はこうしたトラブルに発展しそうな相手と案件については、明確な証拠を残すようになりました。

山口　どのように残しているんですか？

鈴木　例えば、言った言わないになりそうなやり取りは、口頭ではなく文書で交わすこと。あと、相手のメールをプリントアウトして、納期や提出範囲をマーカーでチェックしておく。あいまいな依頼については、納期や範囲、内容を相手が明言するまでしつこく聞く。これをしたら、意外に言ってないことを言ったって言う人がいることにも気づきました。またこれが易怒につながるんですが……。あとは地域の消防団の部長をやっていたとき、代替わりした次の部長から、代々部長が引き継ぐ徽章と名札を僕から渡されていないと言われたことがありました。絶対に失くしたらまずいものなので、このときの僕は引き継ぎの際に引き継ぎ書と一緒に手渡したものの写真を撮って残しておいたんですね。結果、もらってないと言ってきた相手にその証拠写真を見せて、自分の正しさを主張することができました。相手が失くしてたんです。でもこれ、相手に渡したことも写真を撮ったことも、僕の記憶には一切ないんです。なので、ここで写真を残していなければ僕のせいになっていました。こういう案件は証拠をとっているはずだって、必死にスマホの写真を探しまくって、証拠が出てきたときには「よかった！　過去の俺、グッジョブ！」という感じですね。

山口　とても大事なことですね。

鈴木　他の当事者の話でも、同じような体験を語る人たちがいます。ただこれ、僕みたいないい年したオッサンの当事者だからできることなんですよね。なぜならそういった場面で証拠をとっておくことは、相手方の心証を害すことだからです。「どうして証拠なんかとっているのか」、「人間不信なのでは」と変に見られてしまう。実際に同様の案件で職場でトラブルになり、いじめを受けた当事者の話も聞きました。こちらとしては、自己防衛のつもりの対策なのですが……難しいですね。僕の場合、トラブルを起こしそうな絡みの相手には自分の記憶力が低下していることについてできる限り開示していますが、トラブルになる前に開示しても「そういうのは誰でもあることだから」って流されることがしんどくて、いちいち開示するのが嫌になることもあります。こうしたこと、若くて職業経験の浅い当事者には、かなり難しいですよね。

山口　相手が理解してくれているかどうかによって問題が複雑な様相を呈してきますね。

鈴木　そうなんです。もともと仕事の習熟度が低くてやれることの少ない若い当事者が、自分の能力の低い部分をいちいち開示していたら「失敗する前に言い訳するやつだ」って言われます。僕も若くて立場のない時分だったら、絶対開示できなかった。他にも似たような話はいっぱいあります。たとえば会議中にメモを取っていたら、「どうしていちいちメモを取るんだ」って怒られたとか。メモを取る行為は、取られてるほうからするとプレッシャーを感じるのかもしれません。

山口　内容によってはプレッシャーになるかもしれませんね。もう一つ考えられるのは、何をメモしているか相手に見えないことでしょうか。自分のことを悪く書いているんじゃないかと不安に思う人もいるかもしれません。

鈴木　言質を取られている感じがするんでしょうね。このように、記憶障害から波及する問題は複雑で、当事者の心理は、もともとの立場が弱ければ弱いほどどんどん追い詰められていきます。

山口　当事者が周囲に高次脳機能障害について伝えることにも難しさがあります。開示することで、むしろ事態が良くない方向に働き、嫌な思いをしてしまう当事者もいるでしょう。とにかく伝えればいいわけではなく、相手がどういう人なのか判断できればいいですけど、それも難しいですよね。

鈴木　難しいですね。記憶力が弱い、忘れっぽいというのは健常者にもあること。仕事にリマインドの習慣がないのは就労経験が浅い若者には当然のことです。それに対策できないのは「自己責任」「努力不足」というのが健常者社会のルールですから。あらかじめミスを予告しても、やっぱり「甘えだろ」という反応がほとんどのように感じます。

山口　職場などでは、個人的事情を考慮してくれないことはよくあり、悩んでいる人は結構たくさんいる気がします。例えば、子どものいる女性の働き方についても共通することではないでしょうか。個人的事情は関係ない、とにかくみんなと同じように働いてほしいというスタンスで対応してくる人もいると思います。

鈴木　ああ、たしかに。子育てと仕事を両立してきた女性の、見えていない水面下の努力と、それをやれて当たり前とする問題と……。高次脳をはじめ、見えない障害に対する社会の対応は、女性を取り巻く問題と非常に似通った雰囲気がある気がします。人口の半数である女性の権利すら確保できていないこの国で、はるかにわかりづらいこの高次脳への配慮が実現することを考えると、ちょっと気が遠くなってしまいますが……。

記憶の主体性

鈴木　このように記憶の障害については、初期は三桁の数字すら覚えていられないにもかかわらず注意障害と誤認して自己理解が立ち上がらず、業務の中断を妨害的に感じたり、長期スパンの仕事を把握しきれないことで重なる失敗の中で予期不安の塊になってしまったりと、回復のステージによって不自由の出方や感じ方が大きく変わってきた症状です。

山口　今はどうですか？

鈴木　自分自身の仕事の中で困るのは、やっぱり構想の把持ですね。これは構想を想起した際に徹底的に記録に残す習慣づけである程度はカバーしていますが、構想が生まれた瞬間のフレッシュなモチベーションまでは把持できない。あと頻発しているのは「やった仕事」と「やろうと構想した仕事の記憶」が混在して、同じ仕事を二度、三度とやってしまったり、逆にやっていない仕事を「やったはずだ」と探し回って結局やってない結論に至るといったことです。これは連絡ごとでも頻発で、返事を考えたことと返事をしたことが混在して、チェックすると四〜五日に一度はメールの返信忘れを発見するぐらいの頻度です。毎日確認すればいいんですけどね……。一方で他者の絡む仕事の中では、もっと深刻です。

山口　と言うと？

鈴木　まず一つは、ホウレンソウができていないことがあります。自分の中の計画、構想があって、それを相手に伝えたつもりでも伝えていないということがあり、相手に伝えたことと自分の中で思っただけのこととの間で記憶の混在が起こっていると気づきました。報告、共有したことも文章化して残しておかなければ、忘れてしまうのです。これは、せっかくもっていたアイディアに手を付けていなかったせいでチャンスを逃してしまったり、同じ人に二度同じ相談をしてしまったり、「なんでこの人こんな基本の部分からわかってないんだろう」って腹が立ったけど実はまだ僕が説明してなかったりと、積み重なるとものすごく大きなストレスになっていきます。もう一つはもっと深刻です。抱えている複数の課題のすべてに対して、責任感や主体性の維持をすることが難しいんですね。初回の会議、企画の決起的なタイミングでどのようなモチベーションで話し合ったかということが記憶に残らなくて、それぞれの仕事に対する進捗の記憶も常にぼんやりしている。このことで、企画のどの部分をどの程度自分が責任をもって主体的に動かないといけないか、いつまでにやればスムーズに進むのかといった意識がもてず、抱えている仕事に対して無責任、他人の仕事みたいな感覚になってしまっているんです。

山口　難しいテーマですね。主体性がもてないということについて、もう少し伺ってもいいですか。

鈴木　明確に自分発信の自分企画なら、大丈夫なんです。でも企画そのものの発案が他者で、その中の部分的なところを僕主体でやらなければいけない仕事で、この主体性問題が立ち上がります。やることや締め切りをメモして忘れずにやることはできるようになったんですが、その仕事をやることや品質の確保が僕に委ねられているっていう、責任感の強さやモチベーションを憶えていられないいんです。結果、なんだか仕事のはじめだけモチベーションが高いとか、あきっぽい人、典型的な指示待ち人間のように思われてしまうような感じです。自分発信の企画や目の前の仕事はまだましだけど、他者からの依頼で長期間に及ぶものに関しては、いつの間にか自分の手を離れている気がしてしまい、実際にそのことによって、責任感を追及されてしまうこともありました。

山口　そうしたやりづらさを感じることがあるかもしれません。全体の把握というのは脳の容量がかなり必要になるので、目の前の仕事に比べて長期間の仕事のほうが主体性が発揮しづらいということですね。

鈴木　そうなんです。病前は週刊誌や月刊誌の雑誌で担当を四つ、五つもって、ピークのときは一日十三本コラム記事の締め切りがあったりもしました。けれどそれと平行してやるロングスパンの仕事は漫画原作と書籍の執筆が一本あるかないかで、あくまで短期スパンがメインの業務形態だったんですね。

山口　十三本というのはすさまじいですね。ただ、執筆という統一感はあったんじゃないでしょうか。講演など、種類の違う仕事が入ることで変化があった可能性もあります。また、他人と一緒に進める仕事の難しさもありますよね。

鈴木　講演なんかはまさに自分主体で頼まれた範囲のみ主体性をもてばいいので、依頼仕事であっても新規課題であってもうまくいってます。ただやっぱりご指摘の通り、トラブルを起こすのは他者と一緒に進める仕事で、本業の執筆以外の業務が多い感じはします。病前は依頼された仕事であったとしても、自分の担当部分については内容を問わずに自分がリーダーシップ、イニシアティブをもって全体の進行を把握して進んでいくスタイルでしたが、今は、全体像があいまいで、「あれ？　それは俺の担当なの？」みたいにとぼけたことになることが多いんですよ。そうなってしまう自分が情けないんですね……。なお、業務外では、発症から四年目くらいの頃、知人間のもめごとの仲裁に失敗してしまったことがあります。仲裁事は病前も頼まれることが多かったのですが、水面下で起こっているようなことを含め、双方の言い分を聞き取ったうえで全体を俯瞰しないと、仲裁ってできないんですよね。でも、双方の言い分を正しく記憶できない。脳内で比較検討もできないとなると……。

山口　全体をみるのは右脳の機能ですから、今も薄く障害が残っているかもしれませんね。

鈴木　易怒の話でも注意の話でも出ましたが、俯瞰力の障害という感じでしょうか。個々の障害特性とは別に、全体的に残るものがあるのかもしれませんね。あと、他にも記憶障害の波及する心理としては、相手を大事にできないのが申し訳ないということを、最近とみに感じています。以前は長時間一緒に仕事をした方は僕の中で大事に想っていましたが、今はその人とのやり取りの記憶が保てないから、同じようにできていません。申し訳ないことに、お世話になった人のことを忘れてしまうこともあります。僕の記憶は情動が動いた場合に強く残り、動かないときとの差がものすごく大きいので、そのときの相手への感謝が足りていないのかなと思います。また、連絡を取っていない大事な友人がいたり、家族を放って自分のしたいことをして、家で妻とペットが衰弱しているという夢をみたりします。今の自分の状態を不義理に感じているのです。

山口　忘れてしまうことはあると思いますけど、鈴木さんはそこに意味づけが強いのだと思います。意味づけをすることを否定しませんが、忘れたら申し訳ないという思いが強い気がします。

鈴木　なるほど、意味づけ。たしかに僕は、相手の恩に報いるとか、人間関係をケアしなければいけないというバイアスがかなり強いです。それによる心理ですね。

山口　自分自身の状態に対して葛藤が生じるかどうか、どのような意味づけをするかはもともともっている価値観や認知バイアスによるのだと思います。

鈴木　ここばかりは、易怒の種と違ってバイアスの自己解除が難しいですね……本当に、価値観というより、自分という生き物の根幹そのものなので。でもつくづく思うのは、記憶障害って、単に忘れっぽいじゃなくて、驚くほど広域に長期に、特に心理面に対しての影響が出てくるということです。対策としてメモをはじめとして徹底的に記録に残すこと、記録の検索性を高めて、思い出せないことや確認したい情報にスッとアクセスできるようにすること、憶えておきたいことは意図的に感情を動かして意味づけすることなんかをしています。あとは後々困りそうなことには証拠を残す習慣。でも、この記憶の問題は、発症から時間が経つほどに、その人の病前パーソナリティや取り組む課題などによって個別性が高まってくる印象がありますね。いずれにせよ、僕自身が記憶の障害に気づくのに一年半、対策としてのメモ習慣やその実用性を会得するまでに四年ほど、対処の難しい困りごとが出てきたのが五年目以降です。制度を超えた生活期の心理的支援を求めたい症状だなと思います。

5　易疲労

脳が疲れやすいとは

鈴木　本丸に来た、という感じですね。易疲労は僕にとって記憶と同様にメタ認知の立ち上がりが非常に遅かった症状で、かつ現状の困りごとの本丸です。発症後一年ほどの段階で自己理解が立ち上がらなかった理由は、まず疲れる云々以前に、外部からの情報処理と情動を平静に保つだけで認知資源を使い切ってしまい、それ以上のことがほとんどまともにはできていなかったからでしょう。一年くらい経つと、周囲の社会や環境との情報処理速度にギャップが少なくなってきて、人の話の聞き取りなども少しはできるようになってきましたが、その半面で、誰かと話している途中からいきなり後頭部がしびれたようになって、相手の話が頭に突然入ってこなくなったり自分の言葉が全く出なくなってしまったりという体験が出始めます。これが易疲労の症状だったわけですが、それが症状だと気づいたのはさらに後のことです。

山口 易疲労は発症初期からあると思っていたのですが、一年くらいたって出てきたのでしょうか？ それとも初期からあったのに気づかず、気づいたのが一年くらいたった後ということでしょうか？

鈴木 後者ですね。初期は気づかず、一年後に症状については自覚的になってきた。けれどそれが易疲労の症状だと理解するまでさらに時間がかかったということです。易疲労については、脳のエネルギーとして認知資源という概念を使って話すのが、一番腑に落ちます。

山口 認知資源とは車を動かすガソリンのようなものということですね。

鈴木 そうです。疲労というと、疲労物質が蓄積していく加算的なイメージがありますが、筋肉を動かすグリコーゲンが運動で減っていくような減算的イメージのほうが的確に感じるんですよね。ということで認知資源を念頭に経緯を追うと、まずはじめは易疲労というより覚醒度を明瞭に保つほど認知資源がないことによる、傾眠だったと思います。これが急性期の一～二週間ぐらい。その後は、環境情報の処理だけで脳の認知資源の大半が消費されて、常に脳の認知資源が枯渇寸前の状況。起きたときからずっと頭に霧がかかったようで、何か複雑な情報処理が必要になると、一気に認知資源が枯渇して何もできなくなったり、そこからさらに頑張ろうとして過換気の発作に至っていたような時期。それが一年強続きます。その後、なんとか認知資源のマージンができてきたことで、マージンがあるときは頭の霧が晴れているけど、枯渇したとき、つまり易疲労のときに突然、霧が戻ってくることで、ようやくその差を症状として自認できたという流れです。

山口　そもそも、一般の方は脳を損傷した際に脳が疲れやすくなるということをご存じないですよね。脳の認知資源を使い果たしたときに、霧が戻って来る、でもそれが「易疲労」という症状だったとはわからなかった、ということですよね。

鈴木　僕も発達障害の領域で「疲れやすさ」という特性が語られていることは知っていましたが、脳損傷の結果として脳が疲れやすいという認識はなかったです。症状を自覚してもそれが脳の疲労に結びつかなかった理由は、まず身体症状が結構強かったこと。そしてその身体症状が、病前に僕が知っていた「疲れ」とは全く別の、未体験のものだったからです。僕のケースでは易疲労時に頭が何かで包まれて圧迫されたような感じがするし、正座した後に足を解放したようなしびれる感覚が後頭部の皮膚に起こるといった、身体症状が併発します。かゆいのに掻いてもかゆい場所が触れないような、皮膚の神経が誤作動しているような感じです。それから、表情筋のコントロールが難しくなってきて、顔面が引きつって思うような表情も取れなくなってきます。

山口　前作でも、回復したはずの身体麻痺が疲労時には戻ってくるというお話をされていましたね。

鈴木　そうなんです。口の中で舌が長くなってしまったような感じで舌を噛みそうになったり吐き気がするのは、口腔の麻痺の復活でしょう。左手も震えて麻痺が復活するし、足も高所にポンと放り出されたように震えて力が入らなくなってしまうといった、さまざまな身体症状を伴ったんです。それが、突然訪れる。でもこうした症状、やっぱり健常者の「疲れた」の感覚とは全く乖離してますよね。そこで当初の僕は、「これは脳梗塞が再発したのでは？　一過性の脳虚血でも起こったのでは？」と不安になって、血圧を測ったり水を飲んだり薬を飲んだか確認したりなんてことをしました。ようやくこれが疲労だと気づいたのは、ＯＴの先生の前でまさにこの身体症状が出たときに「あ、それ鈴木さん、易疲労の症状ですよ」って指摘を受けたことです。それまでは完全にこの症状と疲労を結びつけることができず。この指摘でやっと自己理解に至ったというありさまなんですね。

山口　二〇〇一年から始まった高次脳機能障害支援モデル事業[*10]において高次脳機能障害の行政的な診断基準が策定されましたが、当時、易疲労という症状はあまり注目されていませんでした。しかし、多くの当事者の方が、特に就労に関して易疲労という困難を抱えておられるように思います。

鈴木　本当にこれは、就労上の困難である以上に、就労するうえで周囲の健常者が最も理解しづらい症状なんですよね。自分でもそれが疲れだってわかるまで年単位かかるわけですから、周囲の健常者はなおさら。そして、当事者にとってこのわかってもらえないことが最大の困難です。ただ実は、僕自身は「それが症状だ」と気づいたことで、最初に訪れたのは安堵の心理だったと思います。というのも、思い返すと、対話中だけでなく日常生活でもこの易疲労の発作的な症状を体験していたことに気づいたんですよね。例えば駅構内やスーパーマーケットのような情報過多な空間で過換気の発作に至る前も、この易疲労の症状はあった。妻が運転する車の助手席に座っていて突然パニックになったときにも、同じ身体症状がありました。会議中に相手の言うことが全くわからなくなるときだって、毎度身体症状が前兆としてあった。つまりそれらの症状は、認知資源の枯渇状態。環境情報の処理困難で脳の認知資源がぐいぐい削られて、すっからかんになった状態。そこから「何かしなければならない」「脳が情報処理をやめてくれない」ことによってパニックが訪れていたわけなんですが、これが症状だと知ったことで、自分の努力不足だったり再発や別の病気じゃないって、ようやく明瞭な解釈がついたんですね。ということで、まずは「それが症状だと知れた安心」が先にあったと思うんです。

山口　鈴木さんはOTの方に「これは易疲労だ」と教えてもらえたことが大きかったですね。

鈴木　本当にそれは大きかったです！　機序を知れば対策がとれますからね。具体的な対策と

＊10――症状が理解されづらく、福祉の狭間におかれることの多い高次脳機能障害者への具体的な支援方策を検討すべく、地方自治体および国立障害者リハビリテーションセンターにおいて、二〇〇一～二〇〇三年度の前期三カ年および二〇〇四～二〇〇五年の後期二カ年取り組まれた事業。「評価基準」「訓練プログラム」「支援プログラム」が作成され、これにより、記憶障害、注意障害、遂行機能障害、社会的行動障害などの認知障害に対して行政的診断基準が策定され、リハビリテーションや生活、就労などの支援が推し進められた。

しては、まず水面下で脳の認知資源を無意識に消耗しているような状態に対する環境調整の改善でした。注意障害対策で耳栓とかヘッドフォン、サングラスやつば付きの帽子を目深にかぶるといった対策はそれまでもしていましたが、外出の際とか雑踏に足を踏み入れるといったとき以外、起きている間のほとんどの時間にそうした対策をするようにしました。これは目に見えて効果があった気がします。あとはそもそも情報量の多い場所に近づかないようにして、緑のある静かな環境で仕事したり、認知資源を一気に消耗する仕事を見極めて、それ以外の仕事と同じ日の中でバッティングしないように心掛けたり――これは今も見極めが続いていますが。あと易怒の対策でお守りの言葉という話がありましたが、あれは同時に易疲労対策でもあります。やっぱりいら立ちや怒りの抑制はものすごく認知資源を消耗するので、心を平静に保つのは必須です。ただし、情報量そのものの制限で対処できた半面で、僕の信条的にできなかった調整が、易疲労で必ず言われる「こまめに休む」ということです。これもまた、心理面の話になります。

山口　たしかに一般的には、易疲労への対応はこまめに休むことだと言われています。エネルギーを使い切るまで働くのではなく、少し疲れた状態まで働いたら少し休み、再度取り組み始めるという方法がよいと言われています。

鈴木　それが僕の場合、心理的にできないんですよねえ……。こまめな休憩が易疲労対策、一日の中で認知資源を長持ちさせる対策として効果的なのはその通りなのだと思いますが、僕自身にはかなり難しい取り組みだったんです。ただこれ、心理的と言っても休む自分を許せないというのではなく、休むことで間違いなく実務上の弊害があるから、休みたくないという意味での心理です。具体的には、記憶の症状のところで仕事を中断すると元の進行具合やその後の進行がわからなくなるという話をしましたが、十〜二十分休憩をとって仕事に戻ったときに、やっぱりモチベーションや原稿の「次の書き出し」とか構成案が脳内から失われてしまうんですよね。退院直後は妻がタイマーで僕の仕事を管理して三十分ごとに休みを強制的に入れる取り組みをしましたし、最近もインターバルタイマーのアプリを使って四十五分仕事した後に十五分のインターバルを入れるということを試しましたが、定着には至りません。

結局休むといっても睡眠をとらないとしっかりとした認知資源の回復が望めないこともあります。例えば朝から仕事をしてお昼に三十分〜一時間仮眠が取れればかなり回復しますが、やはり休憩前に脳内に言語化していたアイディアを書き留めておかなければ、思い出すプロセスを踏まずに作業再開はできない。だったら書けるところまで書き切っちゃったほうが、仕事の品質が確保できるんですよ。たとえ夜には食事して倒れるだけになったとしても、納得いかない品質の仕事をやるよりは、心理的には楽なんです。

山口　休むとその後の進行に差し障りが出るということについては、支援者として意識が弱かったなと反省しています。でも、やはり一般的には、こまめに休んだほうがいいのだとは思います。改めて、もし感覚としてお答えできるようでしたら、教えていただきたいのですが、鈴木さんにとって、心理的な面を抜きに考えた場合、一気にやってしまうのと休憩を挟みつつ仕事するのとどちらが仕事がはかどるのでしょうか。

鈴木　難しい質問ですね……どちらにせよ、その日のうちにやらなければいけないタスクなので、達成はしているのですが……。

山口　それでは少し角度を変えて質問します。両者のやり方の場合、それぞれ、疲労回復に関してはどちらがよいと思いますか。例えば、少しずつ休みながらでは効率的に仕事ができないから一気に仕事を片づけて、半日くらい一気に寝たほうが回復するといったことがありますか。

鈴木　そういった部分はまだ検証しきれていないと思います。ただ、答えになるかはわからないですが、インターバルタイマーを使って休憩を入れる試みの中で、新しい発見もありました。例えば、認知資源って一日分のリソースを一日で使い切って寝ている間に回復するという枠以外にも解釈があるんじゃないかということです。

山口　と言いますと？

鈴木　実はインターバルタイマー導入後、タイマーに従ってしっかり休みを取っていたにもかかわらず、仕事の内容的に脳を酷使しすぎたせいで翌日頭が回らなくて、大事な会議を休んでしまったことがあったんです。こうした、いきなり朝から頭が動かず一日中寝ても寝ても寝れてしまうような日というのは、ここ数年、毎月一～二日はあるんですが、ここで感じたのが、一日に使える認知資源の総量という枠の他に、一週間とか一カ月で使える認知資源という枠もあるんじゃないかってことだったんですよね。単純に前者の一日スパンの認知資源で考えた場合は、先生の言うようにこまめな休憩が稼働時間延長の肝です。細かい仕事の品質を問わずに稼働時間延長が目的であれば、たぶんそれで間違いない。一方でこの「倒れる日」というのは、もう一方のロングスパンな認知資源の枠を使い果たした結果ではないかと。となると、比較は微妙です。こまめな休憩と倒れるまで頑張ったあとの倒れる休憩の回復効率は、正直わかりません。けれどこまめな休憩が稼働効率や仕事の品質を圧倒的に下げる僕の仕事の場合、無理した結果にばったり倒れて一日二日という単位で寝て寝て寝まくる休息をとるほうが、やはり効率的に感じるんですよね。やり切った後の仕事が中断したところで、再開のコストがそんなにかかるわけじゃないので。

あともう一点感じたのが、この長期スパンの認知資源って、日々の仕事だけではなく、心理的にストレスフルな仕事を抱えていることなどによっても削られているんじゃないかってことです。であれば、日々の休憩とは別に、長い目で見ていかにストレスの高い仕事を受けずに回避していくかってことも、たぶん易疲労対策のアプローチになってくる。退院当初、水面下で認知資源を削るものを減らしていったのと同様に、長期スパンでみた認知資源の温存に目を向けたときに、こうした仕事の取捨選択も最終的に効率化につながるんじゃないかって思っています。これは今、まさにトライアル中でもあります。ただ、倒れることが前提の効率化も、仕事を選ぶことによる長期的な効率化も、いずれも僕がフリーランスだから取れる手段ではありますよね。あまり他の当事者に参考になる話じゃない気がします。

山口　たしかに。組織で働いている方だと、「昨日まで頑張りすぎたから、今日休みます」はできないかも。

鈴木　そうなんですよね……。なので、お勤めの当事者さんなんかは僕よりももっと激しく、この易疲労による心理面の問題が大きく立ち上がってくるんだと思います。で、話を疲労回復の効率の問題に戻すと、インターバルタイマーを試用したことでの気づきは、他にもあります。たとえ仕事を中断しても、僕は休憩を休憩にできないということです。目をつむって休もうと思っても、頭の中では作業の続きが回っていて、浮かんだことを忘れないようにずっと考え続けてしまう。忘れないようにメモをしたら、結局仕事に戻るのと一緒だし、実際書き留めようと思って机に戻ったらそのまま業務再開になってしまうんですよね。

山口　鈴木さんのお仕事は頭脳労働なので、インターバルを入れるとしても、頭の中でやっていたことを覚えておく必要があり、それが難しいのですね。

鈴木　そうそう。この「結局脳は休めないよね」の話で共感し合えるのは、やっぱり頭脳労働の方です。

山口　おそらく、この問題は仕事の特性もあるのではないでしょうか。例えば、体を動かす仕事だったら、途中で区切りをつけることが比較的容易な気もします。

鈴木　なるほど。体を動かす仕事というより、細かく分断された作業を繰り返すような仕事でしょうか。例えば商品を百個数えて袋詰めする作業とか、デスクワークであっても表計算を延々やる作業とかだったら、中断しても再開時にやりかけのところに戻ればいいので、間の休憩は純粋に何も考えずに休みに充てられそうな気がします。

山口　どうすれば疲労がひどくならないうちに休めるか、鈴木さんの仕事に合った方法が必要かもしれません。執筆中はとりあえず一章書いたら休むとか、区切り方を変えるのはどうでしょうか。

鈴木　そうですね……。一時間で一章書ける仕事と一週間かけて一章書く仕事があったりしますが、その仕事の種類によって自分なりに区切りの良い「単位」を見出すことが答えなのかもと思ってきました。その単位を達成するまでは納得するまで走り切るというのが自分に合っているかもしれません。模索してみます。あと、インターバルタイマーの試用中、同じ四十五分間でも仕事の内容によって大きな感覚の差があることに気づきました。あっという間に過ぎて十分くらいに感じることもあるし、まだタイマー鳴らないのかなと思うこともある。自分の中でここまで時間の感覚が狂っていることに驚きました。多分、外部情報へのフィルタリングはできるようになっていても、過集中がかなり残っているんだと思います。こうなると一層、時間を単位にした休憩って困難です。

山口　右脳損傷では時間感覚が失われる場合があると言われています。右脳損傷の方にストップウォッチで一分計ってもらったところ、ほとんどの人が五十秒くらいで止めてしまったという実験結果があります。この結果から、右脳損傷の方は時間の流れを速く感じていることがあると言えます。そのときによって、時間を速く感じたり、遅く感じたりすること自体は、健常者でもある程度同じことがありますが、鈴木さんの場合、脳の注意機能に関する容量が減ったことで時間への感度が鈍くなっている可能性はあると思いました。

鈴木　あるんでしょうねえ……注意機能の問題で苦しさを感じることがなくなった今でも、この時間経過の違和感は残ってますから。なお、ここで心理面としては、仕事中にあっという間に時間が経過してしまったときの焦りが問題ですね。本当に焦る。また時間感覚の喪失としては、過集中とは逆に、集中力が低くて思考スペックの下がっている状況にもかかわらず、仕事に没入してしまうこともあります。頭は働いてないのに、同じ部分の原稿を書いたり消したりしてる状況なんですが、このときも時間感覚が完全に喪失しますね。タイマーに気づかずにふと時計を見たら三時間経っていて、手元の仕事が全然進んでなかったりする。これは心理的には、絶望です。僕と同じくフリーランスでIT関連の仕事をしている方からも全く同じ症状を聞いたことがあって、「気絶してたんじゃないかと自分を疑う」と言ってました。全く同感ですが、この症状の機序については、いまいち自分の中でも理解や言語化ができていません。

山口　きっとタイマーを使って休む方法は鈴木さんのお仕事に合っていなかったのでしょうね。やろうと思っている仕事の半分で休むくらいの、自分に対してのモニタリングができるとよい気がします。

鈴木　モニタリングで探るのは、やっぱり時間以外の自分なりの単位ですね。今後の重要課題として考えてみます。ということでざっととまとめると、僕自身にとっての易疲労の症状は、まず「それが症状だとはわからなかった」から始まり、「症状だと知れて安心した」に至り、現状では「この症状を抱えて仕事をしていくのがしんどい」「もういい加減脱出したい」という心理につながっています。症状の否認というより、状況の否認。自罰や自己嫌悪でなく、自分にうんざりという感じ。今の自分では納得できない、もういい加減このままじゃ困るという心理です。「え、鈴木さんは病前復帰できてるじゃない?」って声もあると思います。でも電話で会議を三十分したら、その後の一日の仕事がまともにできないほど頭が回らないとか、朝起きたときからパソコンのモニターを見続けることすら困難で一日働けない日があるとか、これじゃ困るんです。ただ、これは体感でしかありませんが、僕と同様に中年世代で心原性ではない脳梗塞を発症する方には、この性格が結構共通しているようにも思います。追い込み体質ですね。そして、動けなくなるまでやったほうが爽快感、達成感があるタイプ。結局その性格のせいで脳梗塞を発症して今に至っても、僕自身はやっぱり休むより倒れるまでやったほうがストレスがないです。

山口　鈴木さんはもうこれ以上はできないというところまで自分を酷使したときに、自己肯定感が生まれるのかもしれませんね。アスリートだなと思いました。

鈴木　全く褒められた性格じゃないと思います。

周囲から理解を得る難しさ

鈴木　ずいぶん僕に限定的なケースを話しましたが、僕の易疲労に関する困りごとの多くはかなり自己完結的です。これは業務形態がフリーランスだからだと思いますが、他の当事者さん、特にお勤めしていたり家族の理解を得られないケースでは、この易疲労の症状を他者に理解してもらえないことが、なにより大きな心理的問題になっていることが多いですね。

山口　そうなんです。易疲労って体の疲れと違うので、はたから見ていると、ボーっとしているとか怠けているように見えてしまうんですね。障害のない人でも身体の疲れは経験しているので理解できますが、易疲労と言われてもピンとこないんですよね。

鈴木　本当にわかりづらいんですよ、易疲労って。まず序盤に言ったように、健常者の疲れとは全く乖離していること。あと僕のように麻痺の軽い当事者については、頭が全く回らなくても体はばっちり動くこと。僕なんか易疲労でろれつが回らなくても、そこから五キロメートル走って来いと言われたら普通に走れます。あとは日差変動・日内変動が激しく、昨日スイスイやれていた仕事が今日は全くできなかったり、朝に一時間で終わった仕事が午後いっぱいかけても終わらなかったり。これなんかよそから見たら、「サボってる、怠けてる、やる気がない」としか見えないと思います。

もっと説明しづらいのは、課題によって疲れの差が激しいことです。例えば僕が一番認知資源を消耗するのはメールの見返しや返信作業で、一時間もやれば午前いっぱいの認知資源を使い果たしてしまうこともありますが、同じデスクワークでも動画の編集作業なんかはぶっ通しで十時間やれてしまうことがあります。ここまで差が激しいと、できているときを見た人からすれば、さぼっている以外に見えないんですよね。これればかりは僕自身も、わかってもらえなくても仕方がないと思う部分です。でもやっぱり、そのときそのときの課題に必死に取り組んでなんとかクリアしている当事者にとって、この水面下の頑張りを理解してもらえないこと、こんなに頑張っているのにさぼってる扱いされることは、心理面で最もしんどいことだと思います。職場で他者の目が怖くて休む場所がなく、追いつめられてしまう当事者の話も複数聞きました。こうした当事者への支援で願っているのは、本人の心理的支援もそうですが、職場や周囲に対する易疲労性への理解促進といった介入的な支援です。難しいとは思うんですが……。

山口　今のお話、とても重要だと思います。日差変動や日内変動があるということ、仕事や作業内容によって、疲労度がまるで異なるということです。就労の際、易疲労について会社に説明して、休む時間と場所を確保することはとても重要な問題です。易疲労のために決められた場所に行って五〜十分休んで戻ってくる、そうしたことを職場で周知してもらい理解を得るということが必要だと思います。

鈴木　その理解において最大の壁は、やっぱり健常者の疲れとは文脈が全く異なることなんですよね。健常者は疲れたときに低速運転でしのぐといったことができますが、当事者の易疲労は低速運転どころか突然何もかもができなくなってしまうんですよ。僕がそうだったように、当事者本人もその状況が脳性疲労であることをわかっていない場合も多いと思います。

山口　当事者は疲労がピークに達するまで自覚できないということ、疲労がピーク時の状態は健常者とはかけ離れた感覚であるということ、この二つのことを支援者が理解することが大事だと思います。例えば、てんかん発作などでは予兆がある場合もあり、そのことに気づく当事者もいます。鈴木さんの場合、なにか前兆を感じることがあるでしょうか。

鈴木　そうですね。僕の場合は先に言ったように、身体症状が先に来ます。後頭部のしびれ感や、頭が何かに包まれて圧迫されているような感じがしたのち、顔の筋肉がこわばって表情が作れない、舌が回らなくて吐き気がする、左手指の震えと技巧性の低下といったさまざまな身体症状につながり、その後に発語や言葉の理解が難しくなるという症状に至る。なので前兆はあります。当初は全部がいきなり襲ってくる感じでしたが、今はまず最初に後頭部の皮膚のしびれ感や、何かかゆいけど掻いてもかゆい場所が見つからないという症状が来てから顔がこわばる、といった順番が見えてきてますね。

山口　脳そのものの違和感がかゆみの感覚を錯覚させて生んでいるのかもしれませんね。疲労時に麻痺や表情筋の動きへの制限といった、身体への症状が出てくることはあまり知られていないと思います。健常者が脳の狭い範囲で処理することに対して、高次脳機能障害は、より広い範囲まで駆使して処理しているというデータがあります。つまり、障害のない方よりも、情報処理の際に脳の広範囲が活性化し、それによって別の部位に虚血が起こるのかもしれません。何か疲労の前段階での気づきがあるとしたらそこで休みをとればと思いましたが……ただ、今お話いただいたように、気づいた時点ではもう遅いのかもしれません。

鈴木　そうですね、身体症状を自覚したときにはすでに遅いと思います。身体症状もいきなり来るものなので、それのさらに前兆があればいいんですが……。そういった意味で、僕自身は休むべきタイミングの感知ができていないと思いますね。

山口　脳の疲労を感知するのもまた脳だから、感知は難しいのでしょうね。神経疲労について教えてもらっていない方が、身体的な変調について訴えてきたことはありますが、「脳が疲れた」と訴えてきたという経験は私にはありません。スタッフが当事者の疲れ具合を見た目で判断して、五段階評価を付けて本人に見せるということを続けていくうちに徐々に神経疲労を自覚できるようになった人はいました。

鈴木　それはとても興味深いですね。僕の聞き取りでは、自己理解ができていないけど症状の自認のある当事者のケースの場合、「いきなり眠気がくる」という訴えが一番多い気がしました。でもその前の前兆がないと、コントロールは難しいですよね。

山口　当事者が自覚できるような方法を教えられている人はまだ一部だと思いますが、就労において、神経疲労のコントロールは重要なポイントになると思います。

鈴木　そうですね。まあ、僕自身休憩をとるべき業務の単位は見えてない一方で、どんな課題でどのぐらいの疲れがたまるのかという傾向は、働きながら嫌というほど失敗を重ねる中で経験則で一度は把握した気がします。僕の場合は、発症初期であれば、純粋な作業量とか納期が短くて焦りながら作業することやマルチタスクなことが大きく疲れに関与してきましたが、回復するほどに疲れる作業の種類が変わってきた気がしますね。それは、シングルタスクでも自身での判断要素が多いもの。特に何通りも解釈の余地がある指示の真意を判断しながら納品物を仕上げるような仕事が最も消耗するんです。大変な仕事でも指示が明瞭で迷いようがなければそんなに疲れませんが、簡単な仕事でもあいまいで不明瞭な指示を読み解きながら作業すると、あっという間に消耗する。こうなると、同じ仕事でも「あの人と一緒の仕事は五十倍疲れる」みたいな、少々わがままに捉えられかねないことが起こってきます。これは間違いなく、そういう不明瞭な指示を出す相手に対してのいら立ちや怒りの情動を抑制しながら働くことの心理的な消耗が、脳疲労に大きく影響しているからだと思います。とはいえ、相手を選べない、疲れやすいからといってその仕事を避けるなんてことができないのが、仕事の難しいところです。あとはやはり納期がロングスパンの仕事だと、一層どの課題でどのぐらい疲れるのかといった見通しがつかなくなるので、納期の見通しを立てづらいのもつらいですね。納期が読めない人に仕事は振れないというのがビジネスですし、実際この数年で、納期の確約ができないことによって失った仕事の企画が何本もあります。大損害ですよ。

山口　講演などは時間が決められているから、こなしやすいでしょうか。その日までの準備にご苦労があるでしょうけど、作業量が多く長期間におよぶもののほうが見通しがもちづらいということですね。また、自由度が高く、自分で組み立てるようなお仕事も。

鈴木　そうなんです。たしかに講演会はスケールも納期も相手発信ですし、準備にもどれくらいの作業が必要か経験的に読めます。自分が主体性をもつ仕事のほうが読みが難しいというのは記憶の障害における「主体性維持の困難」とは矛盾しますが、長期スパンの仕事になるほど難易度が高まるというのは、記憶の問題と重なりますね。

山口　あと、易疲労についてご著書などで語っている当事者は脳外傷の方が多く、神経疲労が起こったとき、非常に怒りっぽくなるという話を聞いたことがあります。易疲労による疲れが出てきたときにネガティブ感情が出やすく、そこから抜け出せないという症状です。対策として、頻繁に易疲労チェックを行ってもらうことがあります。作業時間を短く区切って、終了時に、自身の状態を監視して、チェックリストに記載し、疲労度が高ければ休むことを周りに伝えるようにする。こういったトレーニングをやっていくうちに、易疲労によって生じるネガティブ感情に対して徐々に距離を取っていくことが可能になることがあります。もともとの認知特性も関係すると思いますけど、意識のもち方とトレーニングによって、かなり改善する人もいます。自分の脳の中で起こっているメカニズムを認識することに効果がある。逆に、ポジティブな面に進んで注意を向けるよう意識してもらうことで、中には自分が事故に遭ったことでいろんな方に出会えて良かった、すごくいいケアを受けられていることに感謝しているという人もいます。

鈴木　なるほど、僕の印象としては外傷ベースか脳血管障害ベースかは問わず、受傷部位もあまり問わず、易疲労を訴えるのはとにかく働いている当事者に多い印象ですね。神経疲労時に怒りっぽくなるのはあります。というか、先ほども指示の不明瞭な相手との仕事で消耗する話をしましたが、そもそも対峙する相手によって症状の出方がかなり違うんですよね。神経疲労時、自身の障害を理解してくれている相手と一緒にいるのであればむしろ緊張を維持できなくなり、血圧が下がってあくびが出るような感覚です。脳が全体的に虚血、酸欠になっているような感覚なんですね。ところがこれが、自身の障害を理解してくれない、あまり相性のよくない相手だと、全く逆なんです。頭は全然回らないのに、緊張が高まって怒りやいら立ちのネガティブ感情が高まります。もちろんその状況は、残り少ない認知資源をゴリゴリ削って一気に枯渇させます。

山口　神経疲労がたまるとネガティブ感情に支配されたけど、のちに回復してそういうことが少なくなったという当事者がおられました。感情面に出る人、身体面に出る人など、症状の出方はさまざまですね。

鈴木　それは、ありがたい情報ですね。僕も易疲労が改善したら、易怒ももっと楽になるんでしょうか。そんな未来があってほしいです……。

易疲労は悪化する？

山口　私は当事者の方から、易疲労への対策の立て方や、易疲労の症状が出なくなっていくまでにどれくらいかかるのかということをよく質問されます。後者の質問に関しては、個人差があって答えづらいのですが、前者の質問については一般的に、適度な休憩をこまめに入れることがよいとお答えしています。

鈴木　後者は本当に返しづらいですよね。僕も初期の認知資源枯渇と傾眠といったレベルであれば時間薬で回復しますよといえなくもないと思うのですが、もっと実生活・実務レベルにおける易疲労の症状については、症状そのものはたぶん改善しているが、症状による日常への影響は大きくなっている、全体的には悪化していると感じています。

山口　発症から間もない時期よりも、今のほうが疲れやすいということですか？

鈴木　はい。例えば対人コミュニケーションが顕著な例です。機能の回復によりコミュニケーションスピードが速くなり、リアルタイムな返答などが可能になりました。けれどその分、一気に脳の認知資源を使い果たして、明らかに短時間で易疲労に至ってしまうんです。対話のスペックは上がっているけど、連続で話せる時間は短くなっている。燃料タンクは大きくなったけど、速度も出せるようになった分燃費が悪くなった感じです。

山口　悪化という感覚は、私を含めて、専門家が知らない貴重な情報ですね。もう少し伺ってもいいですか。

鈴木　同じ仕事でも条件によって非常に短時間で発作的な易疲労に至ってしまうのも、悪化と感じる大きな要因です。例えば先ほどから言っているように、仕事をする相手、対話する相手によっても疲労度が大きく異なるようになり、僕だったら、山口先生とお話しするのであれば、ほぼ病前どおりの時間を再現できていると思うんです。

山口　嬉しいお言葉をいただきました。

鈴木　でも、逆に相手が悪いと、本当に朝の三十分ZOOMの会議を入れられるだけで、午前中頭がずっと締めつけられるようで全く仕事にならなかったりするんです。ここまでひどいことは、病後五年ぐらいなかったんですが、今では日常的にある。また、非常に苦手としていた多人数での会議でも、自身が主体性をもっている仕事で、議題について参加者に一定のコンセンサスがあるような共感ベースで前向きな会議だと、ぶっ続けの六時間継続できたりする。その一方で、意見の違う人たちが「討論」するような会議や、それらを取りまとめて着地点を出すような議長役を担う会議では、一時間の会議で翌日・翌々日と二日寝こむんです。冗談抜きで、熱もないのに平日二日も寝込むんです。

山口　心理面が易疲労の発現に大きく影響するということでしょうか？

鈴木　そういうことになると思います。でもこれ、症状としてみれば興味深いと思いますが、乱暴に言えば、同じ会議という仕事なのに、意見が食い違ったり嫌いな人相手の仕事だというだけで何倍も脳疲労の度合が変わってくるってことです。こうなると自分でも「それは単にわがままじゃないか」という突込みが真剣に出てきますし、会議一本で二日寝こんでたら、もう正直働き手としては使い物にならないですよね。最近は、こういう相手や環境による易疲労の差が拡大し、一度は把握できたはずの「何の仕事をどのぐらいやれば疲れるのか」という感覚がずれてきて、再び自分でどの程度の負荷をかければアウトになるのかが見えなくなっている。これもまた、この症状が「悪化」していると感じる理由です。

山口　実際に易疲労そのものが悪化しているのかどうかはわからないけど、少なくとも、職務内容がより高度になることで、あるいはネガティブな感情が伴う職務で、より強く易疲労を感じる、その回復により時間がかかるということですね。このことは十分理解していなかったので、今のお話、とてもありがたいです。それと同時に就労を支援している方や、それ以外の方にも知っていただきたいなと思いました。

II

不自由な脳は続く

6　障害を理解する

症状理解の有無と当事者の心理

鈴木　まずは症状によって起こるさまざまな失敗や不自由感に対して、それが自分の症状によるものだと気づいているかどうか、大まかにでも症状の機序を理解しているか、自主的に対策がとれるか――これらによって、当事者の心理面は大きく変わってくるということをお話ししたいです。

僕自身、発症した直後からの症状を本に書いたりして非常に自己理解に優れた当事者のように思われることも多いですが、実際には、記憶の障害や易疲労の症状を自覚して対策に挑むことができたのは、発症から一年以上経ってからのことです。でも、病前の知識である程度理解のついた症状と、そうでない症状とでは、立ち上がった心理が全く違うんですよ。後者の場合、立ち上がる心理は「今、自分に何が起こっているのかわからない」という、非常に強い不安や恐怖の心理です。

山口　病前に知識がない症状が生じると強い不安が起こるのですね。

鈴木　そうですね。例えば前半でお話ししたように、僕は選択的な注意の機能を失った結果、情報過多な空間で脳が情報処理をやめてくれず、過換気の発作に陥ることが何度かありましたが、病前経験で自閉症者に同様の困難があることを知っていましたし、雑踏でパニックに陥る人を目の前で見たこともありました。過換気の症状は、そのまま何も対処しなければ死ぬのではないかと思うような窒息感でしたが、機序がわかってしまえばそこまで追い込まれる前に、単に目と耳をしっかり塞いで静かな場所に避難し、認知資源の回復に努めれば済む話です。そうした対策がすぐに身についたわけではありませんが、機序の理解ができてからは苦しさはあったとしても、心理面は「どうしてこんなにも世の中は情報過多なんだろう」といういら立ち程度に収まりました。

一方で発症後の僕には、何か探し物をしている際などに、時間の感覚が飛んで、自分の中では数分程度のつもりが実際には三十分以上経っていたりすることがあります。選択的注意ができない中で特定の情報を探す作業ではよくおこることなんですが、こうした症状には病前の知識もなく、「これは探し物のときに起こる現象だ」という経験からの理解がつくまでは、かなり強い恐怖を感じました。自分は気づかないうちに気絶していたのではないかとか、脳が完全に停止して呆然自失のまま止まっている時間があるのではないか、または脳梗塞の再発ではないかという恐怖です。

山口　ある現象が自分に生じたときに、その現象に対し多少なりとも知識があったり、その原因やメカニズムがわかれば、それが起こったとしてもひどい混乱には陥らないけれど、全く知らない症状が生じたときには、「これは何なんだ！」と恐怖も感じるということですね。

鈴木　そうなんですよ。わからないと、ものすごく怖い。これは他の当事者さんの話を聞く中でも感じることです。例えば僕は車の運転中に情報処理容量がオーバーフローした際、一瞬にして自分がどこにいるのか、どこから来て、どこに行こうとしているのかわからなくなることがあります。これは車の運転をしている当事者の複数から同じ経験を聞いていますが、僕の場合は「あー認知資源がなくなったことでワーキングメモリが完全に終わったなー」などと落ち着いて捉えることができる一方、それが症状だとわからない当事者さんは「自分がおかしくなってしまった」という大変な恐怖に襲われるようなんですね。この差は想像以上に大きい。であれば、やっぱり障害告知についてはそれなりの積極性を支援サイドにももってほしいんです。自己理解が立たず、何年もそうした不安や恐怖を抱えながら生きてきた未診断とか告知のない当事者の中には、診断を受けたときに安堵の感情を得たという方も、ものすごく多かったです。やっと理由がわかった。自分がおかしいとか、自分が悪いわけじゃなくて、これが障害・症状なんだという、溜息が出るような安堵です。それまでの人生の不安や恐怖をまざまざと感じる証言だと思いました。理由がわかることで安心するのと同時に、対策もできますしね。

山口　前もって「頭を打ったから、あるいは病気をしたから、脳の働きが変わったから、こんな症状が出る可能性もある」と知らされていれば、大きな恐怖に陥らないで済むということですよね。

鈴木　そうです。そうした予備知識に加えて、その症状には一定の対策が可能で、一生続くわけではないということも付け加えられたらずいぶん違うと思います。

あとここでもう一点、自己理解がないと、症状による不自由感を他責化、他罰化してしまいがちだということも、大きな問題です。僕の場合、脳の情報処理速度が遅くて看護師さんの話を聞きとれないことを、「早口で要領を得ない不親切な対応だ」と思いました。妻の持ってきた折り紙教本も、本の作り手側に問題があり、わかりやすく作られていないと思った。こうしたことで、易怒に至って他罰してしまう当事者もいるでしょう。自己理解や予備知識のない当事者のメンタルは基本的に他責化からスタートするといっていいと思うし、それが症状とわかっていれば起こらないはずの人間関係の問題が、症状だと告知されないことで立ち上がってきてしまったり、いつまでも解決せずに深刻化するようなケースもあると思うんです。けれど現実問題、支援者の中には当事者にあえて症状を伝えない方策をとる方も少なくありません。

山口　たしかに、ショックを受けるから伝えないという支援者の人もいますが、その人のその後の長い人生を考えたらそれは安直ですよね。症状について知らされないまま、混乱と恐怖に陥る場合がありますから、当事者が受け容れやすい伝え方をした上で、対策が講じられるような支援をすべきだと思います。かなり昔の話ですが、発達障害の方の早期発見、早期療育の領域でも、子どもの障害を親に伝えないという考えの方たちがいて、疑問に思ったことがあります。ただし、伝えるときにはサポートができる状態と、伝えるタイミングや伝え方、そして伝える内容に配慮することが必要だと思います。支援者と継続的な関係がもてるような仕組みがあって、当事者が自分の中での気づきや困り感を支援者に伝えられる、そういう当事者との信頼関係が培われていることが必要だと思います。

鈴木　そうなんですよね。たしかに、そうしたさまざまな条件が確保できていることは大前提です。気づいて嬉しい、安堵したという方と、嬉しくない、知りたくなかったという方の双方がいますしね。後者は本人だけでなく、周囲の理解と両立していることも重要です。というのも、症状について知ったところで、学んだところで、周囲がわかってくれないなら余計につらい思いをするだけなんですよね。あと本人側の準備として、ある程度生活に戻る中での失敗経験などがないと「自分とは縁のない話だ」って思うケースも多いでしょうしね。

山口　具体的な伝え方の一つとして、最初は高次脳機能障害についてわかりやすく記載されているリーフレットを用いることが効果的です。脳の損傷によってこういう症状が出ることもあるとリーフレットを用いて説明するほうが、「あなたは高次脳障害です」と伝えられるよりも、これは自分のことかもしれないと気づきやすく受け容れやすいようです。

鈴木　なるほど。情報の押しつけではなく、自分がその症状に該当するかもという気づき。リーフレットは作っている地域によって非常に玉石混交なので、選択が必要かとは思いますが、当事者として思うのは単に知識というよりは当事者によく起こる事例を紹介する形で、より具体性のあるケースを伝えてほしいなということです。それもその人の生活環境や立場・仕事などに応じて、近しい当事者のケースですね。なぜかって僕ら、聞いたケースが自分には該当しないとか興味がないと思った瞬間、記憶が全く定着しなくなるし、いざ症状を体験した際に聞いたケースと連携させることもできないからです。

山口　ということは、お伝えする当事者の症状や背景をよく知らないと、当事者の方に「あっ、それ当てはまるかも」と思っていただけないということですよね。

鈴木　そこなんですよね。気づきにつながる事例じゃないと、あまり意味がないかもしれないです。僕がこの障害に関わる著書を書いておいてよかったと思うことは、やはり読者さんが自身の症状を体感した際に「あ、これは鈴木さんの本に書いてあった症状だ」と思ったという感想をくださることです。僕の本で症状と不自由さについてあらかじめ知ったことで、退院した後、本当に復職できるんだろうかという不安が強く立ち上がってしまい、その不安で心療内科にかかったという方もいましたが、いざお仕事に戻られた後は、起こることが大体想定内で済み、受け容られたと言ってくださいました。

山口　症状について言語化して整理してくれるような支援者がいない場合でも、鈴木さんの本を読んで、当事者自身での整理を促すことにつながるわけですね。すばらしいです。

鈴木　そういう話ばかりならいいんですが、当然力不足だなと思う部分もあり、僕の書いた本を読んだりご家族が伝えたりしても、書いてあるのと同じシーンで同じ不自由を感じていないと、「同じシーンで同じ不自由を感じないから、私には障害なんかないよ」って感想をもっちゃう当事者もいるんですよね。明らかに僕と同じ症状をもっていたり、もっと重度だったりしても、全く同じ状況で同じ不自由感を感じたっていうエピソードの合致度が低いと、一気に「自分のことではない」に直結される方がいるんです。これだったらむしろ僕の本は読まないほうがいい。

力不足を感じたもう一点は、当事者側の自己理解ばかりが高まっても、そこにご家族や周囲の理解と協力が伴わないと、余計にしんどい思いをすることになる点です。いわば「スーパーご家族」である僕の妻を基準に書いたことで、多くの当事者読者さんに余計しんどい思いをさせたかもしれないという反省があります。僕はあくまで、非常に家族支援に恵まれた当事者であり、もし何かの代表になれるとしたら、四十代発症で麻痺が軽度で自営業で文筆業の当事者の代表でしかありません。ちょっと状況や環境が違えば、同じ症状でも立ち上がる不自由の出方やシーンが変わってくる。だから、当事者によっては「私には障害はない」に直結することもある。だからこそ、もっと多様な立場の当事者が自身の不自由を具体的に語っていく必要があります。これは最近ものすごく課題に感じています。

山口　なるほど。最近はユーチューブやインターネットで多くの当事者の方が発信しておられるけれど、より多くの方が、自分の症状やそのメカニズム、対応策について語ってくれることが大事ですね。

鈴木　そうなんですよ。それこそが真のピア力じゃないかって最近思ってます。最近、当事者会などで自分以外の当事者、特に環境の近い当事者に会って話を聞く中でメタ認知を立ち上げていく方が多いことを知って、期待しています。橋本圭司先生の病院で行っていたリンチピン[*11]というリハビリプログラムに参加した方の話でも、参加者のおかしいところを見ることで、自分も同じようにおかしいかもしれない、という最初の気づきを得られたという方がいました。

山口　リンチピンは、当事者同士でお互いに相手の課題とその対応策を話し合うことで、自分の障害について気づきを得ることや障害の代償方法を考えることを目的とした集団リハビリプログラムです。ニューヨーク大学のラスク研究所で行っていた方法を橋本先生が取り入れて一時期やっておられました。ラスクの神経ピラミッドでいうところの、まさに、自己への気づきとそれに対応することを目的としています。

鈴木　メタ認知を外からの刺激で立ち上げるアプローチとしては、非常に積極的なプログラムですよね。最初に知ったとき、見方によってはかなり刺激的なプログラムだという印象も受けました。

山口　私も映像で見たことがあって、相手を責めているわけではないけど、想像以上に強い言葉を使うので驚きがありました。ただ、あそこのスタッフは全員臨床心理士の方で、リンチピン以外に個別のセッションもあるので、そうしたサポートの上で成り立っているプログラムだと思います。

鈴木　リンチピンは当事者の問題の洗い出しに焦点化したプログラムととらえることができるかもしれませんね。

ここで最近僕がものすごく期待しているのが、流行りに乗るようですが、オープンダイアローグです。僕自身ここ一年ぐらい健常者を交えたものと、さまざまな障害の当事者のみで形成されたものの二チームで経験しているんですが、面白い。ザックリ説明すると、基本的には自身に問題や悩みを抱えたクライアントが一方的にそのことを吐露し、それを聞いた第三者のチームが「本人がいない体《てい》」でその当事者の訴えについて意見を交わし合うのを当事者が聞く。そこに話者の話を遮らず最後まで聞き取るとか、否定もアドバイスも一切封じるといった一定のルールを付加するものです。これがものすごく面白くて、自身の悩みに対して他者の意見が参考にならない場合でも、語ること、聞いたことで、その後に自分の中にいろいろなメタが立ち上がってくるんです。自分自身の中から自己理解や再生が立ち上がってくる、ものすごく不思議な体験ができるん

＊11――ニューヨークのラスク研究所で用いられていた手法。リンチピンとは物と物をつなぎ合わせる、最も大切で肝要なものを意味する「かなめ」という意味。ラスク研究所ではスタッフが訓練生とのやり取りを繰り返すことで、訓練生の問題、解決方法、そのための方略を一枚のポスターとして作成し、訓練生がその内容に納得し契約した際にそのポスターが壁に貼られ、グループセッションでそのポスターに基づいた話し合いが行われる。

ですよね。もちろんオープンダイアローグもクライアント側に何か自覚している問題やしんどさがなければ機能しないわけで、高次脳に合ったいろいろなメソッドを合わせたようなものが出てきたらいいなあ、作ってみたいなあと思っています。

山口　ラスクの神経ピラミッドやイギリスのオリバー・ザングウィル・センター[*12]の情報が日本に入ってきたとき、高次脳機能障害のグループセッションが各地で実施されましたが、日本では診療報酬の問題があり、実施が難しいという現実があります。現在は、グループセッションを実施しているところは一時期ほど残っていないでしょう。

鈴木　いい形での復活を期待したいですが、そこは心理職の活躍に期待です。というのも、当事者だけのセッションには声の大きな当事者による場の支配や非科学の混入などのリスクがあり、一方で、医療者がそこに入ることには、結局、当事者自身の声よりも医療者の権威性やエビデンスが優先されるといった問題もあります。たぶん必要なのはより多様な当事者同士と、ご家族、支援職が混在してフラットな立場で言葉を交わせるようなセッションだと思うんですよね。であれば、そこに心理職が関わることはマストだなあと。これはあらゆる医療職、支援職の中でも、権威や職制が場に及ぼす影響や場の公平性に最もセンシティブなのが心理職だと思うからです。

山口　高次脳機能障害の領域で雇用されている心理士の数が圧倒的に少ないので、現実的には難しいかもしれません。二〇一五年の高次脳機能障害全国調査委員会の調査では、心理職は五十人未満という結果でした。今、私はピアサポートにも少し関わっています。自分と同じような思いをしてきた人がいること、「わかる」ってもらえること、自分と同じような人が頑張っているのに出会うこと、で元気になる方がいるように思います。周りから理解されにくい障害だからこそ、当事者の一番の思いは、「わかってほしい」ということなのではないでしょうか。そのための機会、当事者の居場所を提供することが重要だと思います。

鈴木　それは本当に同意です。「わかってもらえた」という体験は、メタ認知の第一歩かもしれません。わかってくれた相手は自分と同じ症状があるかもしれない、という視点が立ち上がりますから。まさにピアの力ですね。そもそも僕は、高次脳機能障害の苦しさの大半は、他者にわかってもらえない、訴えをまともに取り合ってもらえないということから生まれる心理的な苦しさだとも思ってます。厳しいことを言わせてもらえば九割九分の当事者が自身の障害の苦しさを他者にわかってもらえないところをスタート地点にしているというのが、実感。以前、子宮頸がんワクチンの副作用から――ワクチンの是非についてここで話すことはできませんが――高次脳機能障害を起こされた当事者の講演を聞いた際も、ご自身の苦しさのほとんどは、その症状を他者にわかってもらえない点に集中しているといった発言をされていて、強く印象に残りました。

＊12――神経心理学的リハビリテーションの領域で世界的に有名なリハビリテーションセンター。ウィルソン（Barbara Wilson）によって一九九六年に設立されたが現在は閉鎖された。

山口　わかってもらえないことは、孤独感につながりますよね。

鈴木　絶望感でもあり、特に僕の場合、医療職・専門職にわかってもらえないことは「プロなんだからフィーリングでわかってよ！」という身勝手な易怒にも直結しましたね。医療はエビデンス主義ですから、症例の稀なものに関して訴えを取り合ってくれないバイアスを感じます。これは未診断問題にも通じることですよね。

山口　現在、抗がん剤の副作用で認知機能障害が出ることがあることがわかってきました。これも高次脳機能障害と同じ症状ですが、診断基準としては脳の損傷が明らかにならないと診断されない問題があり、今後、解決が必要だと思います。

鈴木　ちなみに薬の副作用によって高次脳機能障害になってしまう場合、画像診断によって部位は特定されるのですか？

山口　どうでしょうか……。MRIやCTでは特定できない場合もあるのではないでしょうか？

鈴木　画像で明確に所見がなければ診断されないというのも、高次脳機能障害の問題に感じます。

山口　はい。交通事故などによる軽症脳外傷の方で、CTやMRIで異常が検出されず、画像上「異常なし」とされてしまうケースとかですね。

鈴木　そう、明らかに症状が出ていて脳外傷の既往歴があるにもかかわらず画像診断優先というのは、どうにも納得できないんですよね。加えて、わかってもらえないという点で言えば、がんの脳転移でも高次脳機能障害があったりしますよね。でも脳転移者をケアするターミナルな現場で、高次脳機能障害に対する診断や配慮の話を聞いたためしがありません。僕の父も末期にがんの脳転移がありましたが、病室で上を向くことしかできない父を昼間でもまぶしいぐらいの真っ白な蛍光灯が照らしていて、そっと消しました。緩和病棟って何を緩和なのかと思いましたよ。

山口　脳転移していることがわかれば、器質的な変化としてわかるため、診断しやすいと思います。ただやっぱり、今の診断基準には課題があると思います。

鈴木　診断ベースなので難しいことはわかるんですが、せめて脳血管障害や外傷の既往歴があって、後に日常生活に支障が出ていることを訴えているにもかかわらず、診断がつかずに何年も放置、自助努力、そして二次障害発症して精神科をたらいまわしといったケースだけは本当に、もう勘弁してほしいです。

目立つ症状と不可視化される症状

鈴木　当事者の自己理解についてもう一つ。身体麻痺と失語症は自身にとっても周囲にとっても目立つ症状のため自己理解が芽生えやすい一方で、併発する注意障害や記憶障害といった認知症状については気づかれづらい傾向があるように感じています。さまざまな症状や生活の中で起こる失敗が、すべてひっくるめて麻痺と失語のせいにされてしまうような……。実は僕の著書への反応でも、麻痺や失語で障害者手帳を取得して支援を受けている方がお読みになって、「初めて自身の高次脳面での症状に気づいた」とか、「実は日常生活でしんどいのは、支援を受けている麻痺や失語じゃなくて高次脳面の問題かもしれない」という声が少なくなかったんです。当事者自身、周囲にとっても、より不自由が強くより可視化しやすい障害に注目しがちで、それによって背景にある高次脳面への理解が立ち上がりづらいということがあるとすれば、これに対してどんなアプローチが考えられるでしょうか。

山口　たしかに、目立つ症状があるとどうしてもそこに注目してしまうため、他の障害に対するご本人の感度が下がることがあると思います。また、支援としても、身体機能上の症状や失語については ＰＴ、ＯＴ、ＳＴによるリハビリが確立されているため、対応されやすく、それ以外の症状に対する対応がなされないことがあると思います。

鈴木　それは支援サイドの心理としてもそうですよね……傍目には記憶障害や注意障害が明らかな場合でも、本人が麻痺や失語で大きくＱＯＬ（quality of life）を損なっている状況で、どう声を掛けてあげたらいいのか……。

山口　それを伝えるのはどういう立場で関わるかにもよりますから、かなり繊細な問題です。お伝えした後の対応もできる立場であれば、お伝えするアプローチが可能かもしれませんが、そこが補償されていないと……。伝える内容が当事者につらさを伴う可能性があることに対しては、ただ伝えるだけでなく、これから私と一緒に向き合っていきましょうというスタンスが必要だと思います。なので、まず知識として、脳損傷の結果、高次脳機能障害が出現することがあるということについて伝えるところから始めるのがいいと思います。

鈴木　おっしゃる通り、個別のケースへの対応は継続的に支援する覚悟や信頼関係が必要ですね。もし僕が関わるのであれば、やっぱりその相手とより近い環境や属性の当事者のエピソードを伝えることで、間接的に気づきを支援する以外ないかもしれません。積極的に「あれで困ってませんか、これで失敗してませんか」とは、より大きな不自由のある状況下ではとても聞けない。

山口　本書のように、鈴木さん自身のケースやいろいろな当事者に聴き取りを行った結果として伝えていくことは、多くの人に知ってもらう良い方法だと思います。

鈴木　告知と自己理解問題は、かなりセンシティブなテーマでしたね。自己理解が低いことが悪いとも言い切れませんしね。僕だって八年経ってこんなにだめな部分があるってところだけをフォーカスして発症直後に知ったら、心が折れていたかもしれません。

山口　見えづらい障害と言われる高次脳機能障害の実態として、避けては通れない問題とも言えます。自分の中で、より機能に支障がある部分に注意が向くのは当たり前のこと。ただ、仕事への復帰状況や生活の中での経過をみて、困りごとが顕著になってくれば、その都度新たな支援を検討すべきです。例えば、身体の機能訓練の必要性に固執した当事者に対して、それ以外にもこういうところが課題であるということを医師が丁寧に説明したほうが良いこともあるでしょう。また、十代で発症して、身体の麻痺だけの診断で障害者雇用で就労され、高次脳機能障害については見過ごされる人が結構おられます。そうした人は、就労されてから、うつや強迫症などの二次障害で心療内科などを受診することが多いです。そこで高次脳機能障害と診断されることは残念ながら少ないのですが、ネットの情報などで、自身の仕事上での支障に高次脳機能障害があるのではと思い始めることも珍しくありません。その段階で高次脳機能障害の診断と心理支援が受けられれば、障害を理解し、職場での配慮なども検討できることがあります。

鈴木　なるほど。やっぱり発症直後、生活期、その後といった感じで、長い時間をかけて自己理解を立ち上げたり、後に診断を追いつかせていくといったアプローチが必要ですね。長谷川幹先生も、病識欠如を判断するとか自己理解を立てるためのアプローチは、どうやるかも大事だが「いつやるか」が一番大事だと言っていました。僕も二次障害で精神科をたらいまわしにされた挙句に高次脳と診断されるケースに行き合うことが多かったから、「なんで発症時に告知できてないんだ！」って怒りをずっと感じていましたが、やっぱりそう単純じゃないです。先ほど麻痺や失語症で診断を受けているけど、僕の本を読んで高次脳機能障害の症状に気づいたという読者が多かった話をしましたが、考えたら彼らは発症からそれなりに時間を経た当事者だったかもしれない。少なくとも、リハ病棟でPTさん付きっきりで麻痺と闘ってるような当事者さんじゃないですよね。

山口　鈴木さんが本に書いてくれたことで、当事者も周囲の人も含めて、多くの人が高次脳機能障害に気づくことができました。麻痺なども なく、全くの未診断だと、時間が経過して伝えられても簡単には受け容れられない人もいます。また、医者の側から見た場合も、高次脳機能障害の疑いがあっても確信が得られず、伝え切れなかったというような場合もありますから、複雑な問題です。また、伝えられたとしても覚えていない、あるいは受け容れられなかった方も少なくないと思います。当事者の中に、急な診断や告知に対して理解が追いつかず、無意識のうちに、自分が気になっている症状、受け容れやすい症状だけに注意が向き、それだけしか記憶に残らないということも往々にしてあると思います。

鈴木　なるほど。告知がそのまま受け容れられたり自己理解につながるとは限らないと。たしかに当事者が失語や身体麻痺はギリギリ受容できても、高次脳面は否認してしまうって気持ちは、わかる気もするんです。こんなにも不自由なのに、これ以上の不自由があるなんて知りたくなかったという声は、当事者さんからリアルに聞きました。一方で麻痺なしの未診断ケースでは先ほどお話ししたように、「いままでの失敗や苦しさは自分のせいじゃなく障害のせいだった」という安堵の声を多く聞いてきたんですが、これは僕が接してきた当事者が発症後の日常復帰度の高い方がメインだからですね。一方で、受け容れづらさのひとつとして、認知面の障害というものは、あえて適切じゃない言い方をすれば、頭が悪くなったというような捉え方をされがちだということもあると思います。かつて「老人ボケ」が笑いの文脈でとらえられていた文化があるせいで、いまも高齢者の中には過剰に認知症への忌避感や恐怖感があって、それを商売にしてるビジネス医療も結構あるじゃないですか。僕も表面的にみれば相当頭が悪くなったと言えますけど、認知機能はだめでもこうして加代子先生とお話しする知性はギリギリあります。発症の年齢にもよりますが、過去に得た経験や知性と認知機能は別物であり、前者は病前のまま自分の中にしっかり残っている場合もある。そうした捉え方ができれば、過剰な否認を緩和できませんかね。

山口　残っている部分をお伝えするのも大事ですよね。あと、認めがたさには就労面における身体機能の障害と認知機能の障害、それぞれがもつリスクの差といったものも関係している気がします。つまり、身体障害よりも認知機能に障害がある場合のほうが働くことが難しくなりやすいため、認めたくない心理が働くということです。

鈴木　あー、「身体オープン、精神クローズ」。つまり麻痺は開示してるけど、高次脳面の不自由は開示してないってケースは結構聞きます。麻痺と高次脳の双方がある当事者が障害者枠で就労する場面では、高次脳面の否認は生存戦略という面もあるんですよね。とはいえ高次脳面がクローズだと配慮を受けられずに就労定着しなかったりするわけですが……。

挫折体験と自己理解

鈴木　自己理解の立ち上げについてもう一点、最近答えが出なくて悩んでいることがあります。それは当事者の中に一定数、発症後に何か大失敗、苛酷な体験をしたことを契機に自身の障害への気づきが一気に立ち上がり、急速に対策を深めていったという方たちがいることです。例えば、かなり高度な自己理解支援を受けていてもあまり深刻に受け止めていなかった当事者が、仕事に戻って失敗を経験したとたん、受けていた支援の意味が理解できるケース。家庭復帰では全く障害を感じていなかった当事者が、仕事に戻った瞬間に大きな失敗を味わい一気に自己理解が高まるケースなどは、症状が軽度な当事者では定番のように感じます。純粋に取り組む課題の強度問題だと思うんですが、僕自身、病後に忘れられないほど取り返しのつかない失敗があります。それは、警察大学で全国から集まった各地方の警部候補四九〇人以上を前にした講義という大仕事でした。そこで僕は、脳性疲労で頭が真っ白になった結果、九十分枠だった講義の中ほどで全く言葉がでなくなってしまったという大失態です。当時は発症からまだ十カ月ほどで、今思えばどう考えても請けてはならない仕事だったと思いますが、実は病前の僕は研修会の講師などの仕事について全く苦手意識がなく、特に台本などを用意しなくとも、発表内容を要約した図表や資料を配布した上であれば、その資料と会場の反応と残り時間を見ながら時間内で話すということを、特に訓練せずともできていました。自己理解の低さと油断から起こした失敗ですが、さすがにもう二度と講師仕事はやりたくないと思った一方で、このときの経験によって僕も「自分が**緊張や不安をかかえた場面でどれほどスペックダウンする**か」という自己理解が一気に立ち上がった気がします。残念ながら、それが**神経疲労の結果**だということまではこの時点では理解できてませんでしたが、おかげでその後、あらゆる仕事の中で最も時間と労力をかけて、なぜできなくなってしまったのか、どうやったら再びできるようになるのかの検討と対策をしたのが、この講師仕事なんですよね。今も得意な仕事とは言えませんけれど、その対策探しのプロセスの中で、本当にいろいろな自己理解が立ち上がったと思うんです。このように大失敗から一気に自己理解が立ち上がることについて、どう思われますか？

山口　仕事で大失敗をして、そこから気づきが深まる、人によってはそこから始まるということは少なくないと思います。同時に失敗が積み重なることで、うつになってしまう方も珍しくありません。失敗したとき、失敗した本人がそれをどう捉えるかが重要で、また同じ失敗はしたくないという思いが強ければ、再度チャレンジすることへの拒否感につながることもあります。自分の障害を理解していくためには、チャレンジと失敗のプロセスは大事ですが、打ちのめされるほどの失敗にならないように、支援者が時には、その課題は今はまだ難しいかもしれないと伝えることも必要です。例えば、ジョブコーチ制度というものもあります。まだまだ普及が進んでいない制度ではありますが、今後、当事者に寄り添って、当事者の負担になりすぎない復帰のプロセスを一緒に考え、支えていく支援者の存在が必要だと思います。

鈴木　なるほど。いきなり一〇〇パーセントの復帰を目指して受け容れがたい失敗をするのではなく、安全性を確保した中で徐々にチャレンジを広げていくということですね。たしかにそうかもしれません。実際僕も先ほどお話しした失敗後、かなりの間、講師の仕事は拒否していたんです。同じ失敗はしたくなかった。その後、最初に復帰したのは、実は高次脳機能障害関係の講演です。依頼を受けた理由は、ひとりで話すのではなく、完璧な信頼を寄せているOTさんとの対談形式に変更してもらえたこと。それまでに、このOTさんを含めて信頼している他者が横にいるだけでこなせる課題が一気に高度になる経験をしていたので、一緒に何度も対面で準備しながら挑みました。結果は、今自分で考えてもあり得ないほど、スムーズに話せたんですよね。その後も講師の仕事では何度か手痛い失敗はありましたが、あの時点で信頼できるＯＴの支援下でのリベンジ体験がないままで失敗を重ねていたら、今も講師仕事は完全にやめていたかもしれません。

山口　就労移行支援もこれと同じような考え方で、仕事への復帰に関する実際の困難をできるだけ支援職や専門スキルをもったリハ職と一緒に考える中で明確にしていき、一つずつクリアしていけるようなサポートを行います。おそらく、外来や就労移行支援事業所でそういった支援を提供しているところがあると思いますが、現状ではすべての当事者が活用しているわけではありません。

鈴木　なるほど……。ただ、僕がどうしても気になるのは、こうした苛酷な失敗で大きな自己理解を一気に立ち上げる当事者がいる一方で、周囲のご家族や支援者が先回りして失敗を抑止した結果、失敗はしないけど何年経っても全然自己理解が立ち上がっていないようなケースがあって、それはどうなんでしょうかってことなんです。本人は苦しんでいないし、穏やかな顔をしている。支援や福祉が充実しているともいえる。でもやっぱり、自分の障害についてはよくわかってないし、限定的な範囲でしか社会復帰できていない。ご家族も大変なまま。より強い課題に挑戦することで大きく機能回復する当事者さんもみていますから、これは当事者の可能性に対するスポイルかもしれないし、挑戦と回復の機会を奪うことにならないかなとも思うんです。もちろん、仕事の上ではその失敗が信用や金銭問題といったリカバーできない結果につながることもあるわけで、挑戦こそが是だとは言い切れませんが、当事者のもともとのパーソナリティ、致命的失敗につながらないかどうかの判断、失敗したときにその落ち込みを支える、再挑戦に寄り添う、この四点をクリアしていればあえて大きく転ばせて自己理解のきっかけをつかむというのもひとつの選択肢じゃないかと。どう思われますか？

山口　そうですね……。大きく転ばせてということに対してですが、おっしゃるように、過酷な経験を乗り越えた人がいると思います。しかし、一方で、過酷な経験に直面し、乗り越えることができなかった人もいると思うので、失敗経験からひきこもってしまったり、二次障害化してしまうようなことがないよう慎重な配慮が必要だと思います。二次障害化の結果、うつで精神科や心療内科に通うような人も結構いて、そういう人たちを支援する仕組みがまだ十分ではありませんから、そうならないように、当事者が徐々に発症後の世界を生きられるような周囲の配慮があることが望ましいと思います。しかし、一方で、着実に自己理解を進めるための支援というのもやはり必要なので、そのさじ加減が難しいということだと思います。

鈴木　なるほどです。たしかに僕の知る、過酷体験を契機に自己理解を深めていった方というのは、挫折と並行して成功体験がそれなりにあった方たちに思います。僕もそうかも……。となるとやっぱり、リスクとメリットの天秤で考えたら、引きこもってしまうとか二次障害化してしまうといったリスクの大きさのほうに注視すべきですね。うつなどの二次障害のほうが、高次脳本態の苦しさよりもよほど手におえず、圧倒的に強い苦しさをより長期間感じることになるのは、過去の僕の著書でもさんざん強調してきたのに……。だとすればお願いしたいのは、止めようが止めまいが、苛酷体験に自ら飛び込んじゃう当事者のケアです。こうした当事者はむしろ過剰に止めると支援者への不信感にもつながりかねないので、支援職の方にはその当事者の飛び込んだ先の失敗が金銭的・人間関係的・法的にリカバーできる範囲なのかを見極めつつ、ある程度見守りの姿勢で、当事者が経験した失敗の体験を二次障害化させないことに徹底的に注力していただきたい。その失敗を二次障害ではなく、すんなり自己理解のほうにシフトさせるようなケアをしてもらえたら、嬉しいなあと思います。

山口　過酷体験に飛びこんでしまう当事者を止めるのも難しいですよね。ご本人の受け容れに配慮しながらリスクについてお伝えすることになると思いますが……。

鈴木　言ったら僕なんかも典型的な夏の虫です。

山口　止めるにしても勧めるにしても、前提としてやはり支援者と被支援者間の信頼関係が大事だと思います。当事者がもつ障害はもちろんのこと、病前の価値観や心理的な習慣、苦しさなどを理解することで初めて可能になるアドバイスというものがあると思うんです。そのためには、当事者の方と複数回、五～十分ではなくもっと長い時間をかけて丁寧に話を聞くことが大切です。そこで、支援職がアセスメントを行い、客観的なものとして当事者に提示しながら、当事者が適度な失敗をして、再度フィードバックして自己理解を深めていく、こうしたプロセスが理想ですね。

鈴木　なるほど。やっぱり一番大事なのは、四つ目の再挑戦に寄り添ってくれるのが、本気で信頼できる相手かどうかですね。実は先ほどお話ししたOTさんと対談形式にしてもらった講演の次の講師仕事では、闘病記を書いた際の担当編集者に聴き手として同席してもらったりもしました。加代子先生と最初にご一緒した講師仕事も、あれだけのスケールのものを受けられたのは、加代子先生が相手の対談形式だったからです。本当に、誰と一緒にやるかで、出せるスペックが別物なんですよ。まさにあれが僕のスモールステップな再挑戦だったのかも。

山口　初めて伺いましたが、そうだったとしたら嬉しいです。その方に合ったスモールステップを組むことはリハ職の基本です。その際に、機能面だけでなく、その人が**どんな大変さを抱えながら頑張っているのか**という背景も含めて、スモールステップを提示することが重要ということですね。当事者の方にとってみると「わかってもらえている」というのが本当に大きな支えになるということですね。

障害理解は当事者を楽にするか

鈴木　ここまで、障害の自己理解、メタ認知が立ち上がる前後の当事者心理についてお話ししてきました。ここからは障害について理解しはじめた後の当事者の心理的なつらさについて、また、当事者の心理が外的な環境要因に大きく左右されることによって、どのような変遷をたどるかについてお話ししたいと思います。僕自身の経験と他の当事者の声を聴くに、自身の障害のメカニズムを理解した後、当事者の心理としては次の三つのケースに分岐していくような印象を受けました。

一つ目のケースは、対策によって不自由が減ることに好奇心が働き、自分のできないこと探し、対策探しを自発的に進めていく、戦略的、障害に対して好戦的な当事者です。最初はできないことがたくさんあり、つらくてどうしようもないから対策を考えるといったところから始まりますが、次第に対策を講じることでクリアできることにゲーム性を感じられてきて、加速度的に検証や対策を進めていく当事者ですね。極端な例では、「自分にとって障害は趣味だ」と豪語する方もいました。僕もこのケースに近かった時期がありました。例えば、聴覚過敏の問題への対策として耳栓をするようになってからは、自分でも呆れるほどたくさんの商品を買って比較しました。どんなタイプの音をどの耳栓が一番遮断してくれるか、耳栓をしたまま人の話を聞きとりやすいのはどんな商品か、とっさに耳栓を緩めるのが楽なのはどれか。また、耳栓をした状態で、以前耳栓なしでパニックになった場所にあえて行ってみたり、発症後五年ぐらいでは雑踏の中であえて耳栓を外して対話相手の言葉がどのぐらい聞き取れるかを試したり。視覚情報面を含め、注意障害のコントロールや回復度の確認なんかはかなり能動的に、ゲーム感覚をもって挑んでいます。働く当事者さんには、結構こういう方、多いです。

山口　とても素敵な感覚だと思います。

鈴木　二つ目のケースは、当事者がせっかく症状の自己理解を高めたり対策を学んでも、周囲の人がそれに協力してくれず、他罰的になってしまうケースです。たくさんの音があるとパニックになることがわかっていて静かにしてくれと頼んでも、家族がテレビを大音量で流すのをやめてくれないとか、職場で出入り口近くにデスクを置かれてしまうとかですね。当然配慮を受けられるはずの障害者枠や特例子会社で働いているにもかかわらず、全く理解と協力が得られていないケースでも、同様の訴えをよく聞きます。障害者枠なんだから配慮してほしい、わかってほしいという思いをもつ人が多いのだと思いますが、そうした思いは通じず、他罰的な思いに変換されてしまうということです。せっかくの自己理解がもったいないケースで、むしろ自己理解がないほうが苦しまずに済んだのではないかと思うような場合もあります。

山口　わかります。ご家族の方が当事者に元通りを要望されているケースなどでは、「そんな対応は必要ない」とか「あなたは障害者じゃないんだから」とか、あるいはむしろ、「大音量を流すことがリハビリだ」といった対応に出会うことがあります。就労先での無理解も本当につらいですよね。

鈴木　それは地獄ですね……。最後の三つ目は、二つ目と同様に周囲から協力が得られない状況で、他罰よりも自罰や厭世的なマインドに振れてしまい、周囲への協力要請をあきらめてしまうケースです。伝わらない自己開示が徒労に終わるなら、自分が頑張ればいいっていうふうに追い込んでしまうケース。実は驚かれることもありますが、僕自身このケースでもあります。協力を要請して断られることはあまりないんですが、言っても大して協力してくれなかったり、言ったその場でしか配慮してもらえないことが続くと、気を遣いながら何度も協力要請するより自分で頑張ったほうが楽だと思っちゃう。あと、記憶障害のテーマでお話ししましたが、仕事上で失敗やトラブルがあったとしても、それが相手の理解と協力がないせいで起こっているのか、自分自身の症状のせいなのか、対策や努力不足なのかがわからなくなってくるんです。こうなると、なおさら繰り返し協力要請するのも気が引けますし、だったら自分が悪いと思ってしまったほうが、リカバーしやすいじゃないかと。仕事上の失敗は頑張ればリカバーできますが、相手との関係性は一度崩れたらリカバーがもっと大変だから、自分が我慢しようという心理になるわけです。ただこれ、僕が過剰に抑制的な性格だから特別そっちに振れるのかと思ってたら、全然そんなことないんですね。最近、病前職への復帰や一般就労の中ではこの三つ目のケースがかなり多いことに気づいてしまって、ちょっと残念な気持ちになっています。

山口　一つ目は前向きに捉えるケース、二つ目は他罰的になってしまうケース、三つ目は自罰的に捉えるケースと、どれもわかりやすい説明でした。私も三つ目のケースの方が結構多い気がします。当事者の中には障害者として扱ってもらいたくないという思いもあり、障害と診断されながらも一般枠での就労を希望する方もいらっしゃいます。

鈴木　そうなんです。でも二つ目のケースも三つ目のケースも、そのベースにはこの障害が周囲から見てわかりづらいこと、**当事者が相手に伝わるように言語化することの難しさ**があると思うんですよね。まず、就労の現場では、言ったところで配慮をもらえないどころか、「障害を理由に甘えるな」と言われたり、せっかく作った「わたしのトリセツ（取り扱い説明書）」を無視されるようなケース。もう一方で、一度は受けた配慮が継続せず、どんどん仕事の負荷や種類が増えてきてしまうケースがあります。これは職場内で理解者が異動してしまうケースなどが定番ですが、他にも当事者が配慮を受ける中でいろいろとできるようになることで、周囲がもっと活躍できるように仕事を増やしたり、責任のある管理職的な立場を与えようとしてきたりといったケースも、思いのほか多いです。あくまで善意と期待なわけですが、当事者としてはなんとか頑張ってギリギリやれている状態なので、そこにちょっと増やされると破綻してしまうという……。結局、自己理解も対策も、周囲の理解と協力を得られなければ、ほとんどの場合プラスに機能しないんですよね。せっかく障害を開示してどうすれば仕事ができるのかを提案しているのに、周囲がそれに「乗ってくれない」。結局のところ、当事者の業務上での工夫は実務上で仕事相手と一緒にカスタマイズしていく必要があるので、協力体制がないと対策の精度も低いままだし、その後の自己理解向上にもつながっていかない。そして一番まずいのは、当事者がせっかく立ち上げた自身を知ることや工夫を編み出すことへの好奇心のマインドを失ってしまうこと。せっかく立ち上がった自助努力の芽も摘み取られてしまうことです。

山口　雇用者や一緒に働く方たちにこの辺りをもっと理解していただく必要がありますね。

鈴木　ただしこうした「周囲が乗ってくれない」には、当事者側にも問題があったりするので難しいんですよ。というのも一つ目のケースのように能動的に自己理解や対策を高めていく当事者ほど、他者に向けて作ったトリセツが高度になりがちで、健常者にはわかりづらいことが多いようなんです。本当は「高次脳機能障害」という言葉も使わず、「○○をするときに△△の部分でこれが苦手」というようなシンプルに具体性をもって伝える言葉がいいのでしょうが、中には職場に向けて作ったトリセツにひとこと専門用語が入っているだけで、周囲から拒否されたケースもありました。上から目線だっていうんですね。

山口　なるほど……。同じ障害の当事者と言っても障害の度合いには幅がありますから、トリセツの内容も障害の状況によって異なる必要がありますね。注意障害一つとっても、例えば、目の前に一から十までの数字を並べられたときに八個しか見つけられない当事者もいれば、シンプルな仕事ならミスせずにこなせるような人もいます。また、開示する相手の理解力や当事者へのスタンスをある程度想定した上で開示しないと逆効果になってしまうこともありますね。

鈴木　伝える相手の理解力とスタンスを見極める。まさにそこですね。僕自身、相手の理解度やその相手とかかわる仕事上で必要な理解・協力の度合いによって、自身の症状を全く開示しないことがあります。が、その開示にする相手か非開示にする相手かの判断ができるようになるまで、やっぱり五年ぐらいかかった気がします。今もちょっと読み切れないところがあるかも……。

山口　支援職が記載する評価結果や情報提供書も同じです。専門用語や検査結果が書かれていても伝わらないことが多々あります。一番大事な情報は、どんな状況で当事者の困りごとが出て、そのとき本人がどんな努力をしていて、どんな支援が得られれば困りごとが軽減されるのかということです。しかし、そのような環境も含めたアセスメントができる支援職は多くありません。単純に検査してわかるものではなく、当事者の生活の実態を理解しておく必要があり、それが現状の支援の仕組みではなかなかできていないように思います。

鈴木　「そのとき本人がどんな努力をしていて」――その一言に尽きると思います。自身の水面下の努力を第三者から伝えてもらえたら、当事者の多くは感激して泣くと思います。そのぐらい、自力では伝えるのがあまりに難しい。でも、職場側としても忙しい業務の中で当事者のトリセツやら支援職の作る情報提供書やらを読み込むリソースがどれほどあるかという問題があるんですよね。なんだかとっても日本的でうんざりしますが、どちらも一筋縄ではいかない。最もシンプルで説得力があるのは、やはり支援職の方から具体性を持ったトリセツを職場に提出してくれることかと思いますが……。

山口　それは、支援職と当事者が相談しながら一緒に作るトリセツということですね。

鈴木　そういうことになりますね。当事者が編み出した工夫を提案しても対応してくれないどころか、障害があることを開示した瞬間に職場からかなりきつい差別や尋問を受けてしまうケースが驚くほどにあります。これを一度でも経験してしまった当事者の心理は、言うまでもないですよね。すさまじい徒労感ですし、二度と自身の障害を開示しないと言う人もいます。サンプル数が全然足りませんが、印象としてブルーワーカーの業界では露骨に差別や攻撃を受ける話が多いように感じます。

山口　残念ながらたしかにそういった話はあるようです。自己開示した結果、むなしい思いや、つらい思いをしてしまうこともあるため、相手の価値観や理解度を推し量り、慎重に行う必要があると思います。

鈴木　僕自身、「自己理解と自己開示が我々の生存戦略だ！」なんてことを発言しがちなんですが、やっぱりこの方針は万能ではない。カスタマイズが必要なんですよね。本音を言えば、こんなこと言いたくないし、当事者の自己開示に無条件で、当然のように周囲が配慮してくれる社会になってほしいけれど、どうあっても当事者は健常者が基準の世界で今日、明日を生き抜いていかなければならないし、社会が変わるのなんて待ってられないんですよ。

山口　まず、当事者の自己理解を助ける支援が大事となり、その先には、他者の理解を助ける支援も必要ということですね。

鈴木　そうです。結論としては当事者の理解度だけ高くても、苦しさは緩和されないどころか増すこともある。あくまで周囲の理解と両輪でそろわなければ、僕らは楽にはならないってことだと思います。社会が合理的配慮に満ちたものに変わるのが最終的な理想だけど、まずは当事者がリアルに接点をもつ他者理解の支援。それこそが当事者への心理的な支援として非常に大事なポイントだと思います。

最後にちょっと当事者サイドに寄ったことを付け加えると、よく「自分は大病を経験して障害者になったんだからみんながサポートしろ！」みたいにぶん投げちゃう、困った当事者さんの話をご家族からよく聞きます。「うちの人は変わっちゃった。発動性がない、能動的に何もできずにみんな家族が背負わなくてはいけない」なんて言われる。たしかに重度のケースでそういうことはあるんでしょうが、いつも思うんですよね……当事者がぶん投げちゃうその背景に、その当事者がそれまで伝わる言葉じゃないにしても、散々いろいろな不自由を訴えたけど、わかってもらえなかった、配慮してもらえなくてつらい思いを重ねたという徒労感があるんじゃないかって。最終的にたどり着いた「わかってくれないならもう何もしない！」かもしれない。結局のところ、当事者のやる気、好奇心、戦略性を一番強く立ち上げるのは、他者が理解してくれて協力してくれたことで、できなかったことができるようになったという経験だと思う。つくづく、自己理解だけ高くても意味がない、周囲の理解と両輪だって思います。

山口　支援者や家族にとってはとても耳が痛い話ですね。本当に、人は人の中に生きているから人間なのであって相手との関係性の中でその人の思いや認識、そして行動も発現するということですね。改めて家族支援や家族に対する心理教育が重要だと思います。

揺れ動く当事者心理

山口　また、当事者の心理の話に戻ってしまうのですが、当事者の自己理解の過程では、自罰と他罰の両面の間を揺れ動く方もいて、そうやって気持ちが行きつ戻りつすることの中に、当事者のつらさが垣間見えるように思います。

鈴木　そうですね。僕も先ほど言ったように、問題が起こったときや相手に腹が立ったときに、自分が悪いのか相手が悪いのか、その感情が症状のせいなのか、そういう判断がつかずに揺れ動いている感じがします。これは僕自身のケースですが、大きな尺で考えれば、発症から日が浅いほど他罰的、発症から時間が経って自己理解が複雑に高まるほどに、自罰に比重が傾いている印象です。というか、自分の心理状態に対して懐疑的になったとも言えますね。

山口　そのように極端な感情が出てきたとき、自分がうまくいかない状況に陥っていることの背景に障害が潜んでいるのではないだろうか、という思いが生まれるということですね。

鈴木　はい。例えば、仕事上で相手に配慮をお願いしても応じてもらえないことで、同じ仕事をするにも労力が何倍にもなったと感じられるときに感じる憤りですね。要点をまとめてからメールをくれとお願いしても、主語すら抜けているとか。依頼だけきて納期指定がないとか。実際にそうした小さな配慮をいただけないだけで労力が本当に数倍になるわけですが、一方でそうした仕事上の精密さも相手の能力だし、理解や配慮ができるかどうかも一つの能力だから、人によって差があるのは当然です。そんな中、僕は「障害を持っていることを盾にして腹が立っているだけなんじゃないか」という懐疑が立ち上がる。最近はいつも自分に、その苛立ちは症状か、相手の無配慮はそれほど重大なことか、問いかけ続けているような感じです。

山口 話を一般化するのは良くないかもしれませんが、一緒に仕事する相手がこちらの要求レベルに応じてくれないということは健常者にとってもよくあることだと思います。しかし、高次脳機能障害の当事者の場合、そういう状況が生じたときに、自分は配慮を受けるべき存在だという思いであったり、配慮を受けざるを得ない自分のふがいなさであったり、いろいろな感情が生起してしまうのだと思います。そのようなネガティブな感情が付与されることが、当事者のエネルギーを奪い、QOLを下げる結果となるのではないでしょうか。

鈴木 そうですね。僕の場合、ふがいなさはあまりないんですけれど、逆に自分は配慮を受けるべきだというバイアスは強めにあると思います。そのことに自覚的だからこそ、「ここで配慮を求めるのは行きすぎではないか」という気持ちと「いややっぱり配慮を主張すべきだ、主張しなかったら納期に間に合わないし他の仕事に影響が出る」といった気持ちが拮抗して、頭の中がグルグルする。そうしたイベントに対して動く心理が大きくて複雑で、メンタルも認知資源もゴリゴリ削られるんですよね。やり取りのたびにこうした心理を押しつけてくる相手とは、どうしても疎遠になっていく感じです。病前は相手の能力が低ければ逆にそれをカバーして活躍できる！って気持ちが大きかったので、そういう意味ではふがいない……。

山口　おそらく当事者の方は、仕事や日々の生活の中で、無意識の内に、「発症前の自分だったら」というように以前の自分との比較、しかも引き算をしておられるのではないでしょうか？　その状況で、「きちんと仕事をこなしたい」あるいは「仕事で成果を出さなければ」と思っているので、仕事相手の方の理解や協力への期待が高くなるのではないかと思います。

鈴木　病前比較はどうしてもありますよね。それが混乱の要因として大きい。あと、機能的にもかなり回復して病前復帰度を高めた後だからこそ、立ち上がる自罰的な心理もあります。それが、「こんなこと言っても理解してもらえない」「病前の僕だったら同じことを言われても甘えと思っただろう」というような症状についてです。要するに、発症前の僕が現状の僕と一緒に仕事をしたらどう思うだろうって、健常者基準で考えちゃうんですよね。例えば僕はその日の天候によってまるっきり仕事ができなくなってしまう日があるのですが、これは脳梗塞前には全く未経験のもので、なかなか周囲から理解されづらい症状だと思っています。本音としてはわかってもらえたら嬉しいけど、自分でも心のどこかで一般的に通用しないと思っている気がするんですよね。

山口　通用しないというのは、理解してもらうのは難しいということでしょうか。高次脳機能障害の当事者には天候によって頭痛や倦怠感といった不調が起こる人が非常に多いと思います。気象病という、細かな気圧の変動によって体調不良が起こるものもあって、専門外来もあるそうです。わかってもらえる余地も少しずつ増えてきているのかと思います。

鈴木　そうなんですが、気象病もまた健常者で抱えながら頑張って働いてる人も多いものなんですよね。しかも、「新しい病気」みたいな文脈で、結構頻繁にテレビのニュースなんかでも取り上げられる。なのでまだビジネスの場ではみんなが「あーそれ僕にもあるある。つらいよねえ、みんな頑張って乗り越えてるよねえ」の文脈じゃないですか？　ただ当事者の場合、それが乗り越えられないレベルなんですよね。午前中から猛烈な眠さで机の前にいるだけで精一杯という感じの日もあるし。なにより僕自身、かつて仕事をしている中で天候を理由に仕事を休む人が周りにいたら、その人は戦力外でカウントしていたと思います。大事な会議や締め切りの日に休まれたら困るので。ということで、自分に理解できなかったことの理解を人に求めるにも限度があるなって思うんです。僕らの不自由って本当に「あるある」の延長線上なので。

山口　「それあるある」は同じでも、その程度が全く違うということですね。そこがわかってもらえないということですね。さきほどの障害理解のお話と同じように、今の社会では周囲からの理解や合理的な配慮が十分得られていないと思いますが、これから少しずつ実現されていくべきだと思います。女性のＰＭＳ[*13]を例にとっても、少しずつ世の中に知られて、まだまだですが、少しずつ理解がされつつあるかと思います。

鈴木　たしかにこれはＰＭＳの重い当事者の抱えるジレンマと、非常に似ています。みんな生理はつらいし我慢してるけど、社会の配慮は足りないという中で、同じ生理でも極めて重い当事者は、「でもみんな頑張ってる」の文脈の中で孤立する。これは僕の妻がＰＭＳで治療を受けていて、かつ過去に同じ職場で働いていたから思うことでもあるんですが。気象病のようにそれこそ昨今社会でブームのように語られている症状は、それが障害レベルで「何もできない」当事者にとっては、一層口にしづらい心理が立ち上がっちゃうんです。実際僕は、天気が理由で仕事が遅れるかもしれないとカミングアウトできる取引先は、たくさんお仕事の付き合いがある中でたった一人しかいません。それ以外の仕事は、晴れて調子のいい日に死ぬ思いをして徹夜とかして、なんとか間に合わせてる感じです。ちなみにエビデンスは全くありませんが、女性の高次脳当事者さんの多くは、ＰＭＳもＰＭＤＤ[*14]も併発もしくは悪化しているだろうと僕は確信しています。健常者の中にもある自律神経に関わる困りごとは、だいたい悪化する印象です。

山口　なるほど。ＰＭＳもそうですけど、脳損傷に伴う症状による仕事への影響を、きちんと伝えることと、適切に理解してもらうことの両方に、「言葉は同じでも重篤度が違う」という問題と、「わかってもらえなかった」という体験があることで、カミングアウトが極めて難しいという現状があるということですね。

＊13――Premenstrual Syndromeの略。月経前症候群。月経前の三〜十日の間に続く精神的、身体的な症状で、月経が始まるとともにおさまったり、なくなったりするもの。
＊14――Premenstrual Dysphoric Disorderの略。月経前不快気分障害。ＰＭＳの中でも心の不安定さが際立って強く出てしまう場合に診断される。

鈴木　そうなんです。記憶の問題を言えば、加齢による物忘れを必ず引き合いに出されます。注意の問題と言えば、「ぼくも気が散る！」となる。結局、健常者レベルの不自由に陳腐化されて伝わらない徒労感を味わうなら、言わないほうが楽だって心理に到達してしまうんですよね。プラスすれば、やっぱり自分自身が過去に「わかってあげない」側だったからこそ、言ってもわからんだろうという気持ちですね。

家族と足並みをそろえる

鈴木　自己理解の支援と、他者の理解の支援が両輪であること、とても重要な課題が出ましたが、当事者として最も理解を求める相手も、わかってもらえないことで最も苦しめられる相手も、ご家族だというケースが多いと思います。僕の場合は妻が発達特性をもつ当事者で、理解してもらえないどころか何も言わなくても不自由を理解してくれ、近しい不自由の先駆者として自己理解や対策を教えてくれる存在でした。これこそが僕が他の当事者さんと最も異なる、個別性の部分だったと言えます。他の当事者さんのお話を聞くと、本当に我が家はレアケース中のレアケース。むしろ軽度、中等度な当事者では、高次脳の症状そのものによる不自由よりも、家族理解がないことによる苦しみが大きいという方が多数派に感じるんですね。

山口　家族に理解されないことを訴える当事者の方は多いと思います。当事者側の視点で言えば日常生活を送れる程度の障害だったとしても、不自由感というものがある一方で家族側の視点としては十分できているように見えるし、問題がないと思いたい。十分に理解を示さないのは、もしかしたら当事者への回復期待や障害の否認という面もあるかもしれません。

鈴木　たしかに家族の側も、大事な家族がこんなに当たり前のことができなくなったなんてこと、受け容れがたいというのはわかります。でもここまでお話ししたように、当事者の自己理解と環境適応は常に周囲にいる他者の理解と援助があって初めて機能するものですし、自己理解も一人だけで高めていくのは限界があります。回復への期待や希望もご家族としては当然の心理だとは思うんですが、せめてこの障害と付き合っていくことが非常に長丁場になるということを、支援職の方が当事者の家族に教えてあげることも大事だと思います。いかがでしょう?

山口　本当に!　家族への支援はもっともっと必要だと思います。渡邉修先生の調査では、人柄が変わってしまったり自己意識性の障害がある場合に、また、当事者が家にいる時間が長いほど家族の負担感が強くなることがわかっています。つまり、当事者が自分の障害を自覚していて復職したり、作業所などに毎日通うことができていたりするほうが、家族の負担が軽いということになります。しかし、障害が軽くてもご本人の状況に見合う通所先がないとか、高次脳機能障害に対応できる通所先が近くにないという現状もあります。当事者の自己理解への支援と家族のレスパイト（休養）や、当事者が自宅以外で過ごせるような仕組みの充実も重要だと思います。

鈴木　なるほど。たしかに障害の程度が重ければ重いほど、あと症状としての病識欠如や本人の否認も含めて自己理解が立ち上がりづらければ立ち上がりづらいほど、そして易怒のコントロールが困難なら困難なほど、心理的な負担は当事者よりもご家族に集中すると思います。これは僕自身が高次脳の代表者だと思われたくない理由とも重なります。重度な当事者を支えるご家族からしたら、僕らみたいな一見すると健常な者と同じ障害の当事者だと思われたくないでしょう。なのでここは当事者の障害程度が軽いケースを想定したうえで、もう一度質問です。まず何度も触れるように、僕たちは信頼できる他者が横にいてちょっと支えてくれるだけで、やれることが一気に増えます。**不安の心理がいかに脳のリソースを圧迫するか**、この心理的な支援があれば本当に自分でも驚くほど楽に複雑な課題に挑めるんです。その他者が、ご家族であることは本当に切なる希望でもあり、その助力を仰ぐのは僕らにとっての生存戦略なんですよね。一方で当事者さんの話を聞いていると、当事者はとても勉強していて自己理解が高いけれど家族は全然ついてこないとか、その逆であるとか、双方の足並みがそろっておらず、想定する目標点が違うことが大きな苦しさの原因になっているケースがあるんです。この問題にどんな出口があると思いますか？

山口　家族が当事者を応援できるようになるには、まず、家族に対する心理的な支援が必要です。当事者が発症前にできていたことができなくなること、あるいは人柄が変わったように感じることで、家族も大きな喪失感を味わいます。実際、高次脳機能障害の家族の四十パーセント以上がうつ状態だというデータが複数あります。不安の要因としては、収入がなくなったり減ったりすることに対する経済的な不安、あるいは家の中で攻撃的になることなどの社会的行動障害、家族関係の悪化、将来など、さまざまなことがあると思います。しかし、実際に家族支援を丁寧に行っているところはまだ少ないのが現状です。

鈴木　なるほど、であればやっぱり、ここのキーは家族会の多様性じゃないかと思えてきました。最近になって柴本礼さんからいろいろと勉強させてもらったりして、従来の家族会は交通外傷による重度の当事者を抱えるご家族が中心だということを聞きました。でもそれだと、軽度な当事者のご家族は、なかなか入れる雰囲気じゃないんですよね。麻痺がないとか仕事に戻れてるとかって時点で、相談しづらくなってしまう。軽度の当事者ご家族、麻痺のない当事者ご家族、学齢期の当事者を支える親、いろいろな立場のご家族が家族会をレスパイトの場とし、そこを入り口に家族の心理的支援につなげれば、そこから当事者と足並みをそろえていくような未来がもうちょっと現実的に見えるんじゃないかなと思ってきました。

山口　各地に高次脳機能障害の家族会があります。たしかに、現在の高次脳機能障害友の会（二〇一八年に日本脳外傷友の会から名称変更）が二〇〇〇年に発足した当時は、まだ、「高次脳機能障害」という言葉がなく、若いときに交通事故などで発症され、「若年性認知症」と呼ばれていた方たちのご家族が、支援を求めて「日本脳外傷友の会」を立ち上げたということもあり、比較的重い当事者のご家族、特に親御さんが多かったと思います。その後、二〇〇一年に開始された高次脳機能障害支援モデル事業により、「高次脳機能障害」という行政的な診断基準が作られ、社会に知られるようになるとともに、軽症とみなされる方でも就労や人間関係においてさまざまな困難を抱えることがわかってきました。なので、先ほどのお話のように、軽い方のご家族が家族会に入りづらいとか相談しにくいというのはわかる気がします。でも、重い方は重いなりに、軽い方は軽いなりに、それぞれの大変さがあるんだと思います。鈴木さんがおっしゃるように、いろいろな立場により分かれた家族会が良いのか、それとも全体を含みこむような包容力のある会にしていくのが良いのか――たぶん、後者ではないでしょうか。ただし、会を運営する際に、障害が軽い当事者やそのご家族が抱える困難について、障害が軽いからといってその困難は決して軽くないという認識がないと、会員同士の関係がぎくしゃくすると思います。社会情勢としては、二十年前と比べると、おそらく経済情勢の悪化が絡んでいるように思うのですが、ご家族が就労されている方が圧倒的に多く、平日でも休日でも家族が集まるのが困難という状況が生じています。家族同士で集まりたいけどその余裕がないというご家庭が増えている現実があると思います。

鈴木 やっぱりこれもまた、一筋縄ではいかないですね。現状では、全国区でネットワークできているのは、おっしゃるような交通外傷で重度ケースのご家族が立ち上げた家族会ですが、今その方たちが直面しているのは、ご家族の高齢化であったり、「親亡きあと問題」だったりします。世代交代と、軽度ケースから重度ケースまで包括的な家族支援の場作りと、二軸の問題が今ある。当事者サイドからも何かできないか、課題にしておこうと思います。

7　症状の回復について

回復段階に応じた心理

鈴木　当事者の心理が複雑でわかりにくいことの背景にあるのは、この障害の回復曲線がきれいに数学的なカーブを描かないこと、症状によって回復曲線が異なること、そして取り組む課題によって心理的な安定度もまた、乱高下することだと思います。それは退院してから年月が経つほどに複雑な様相を呈していきます。僕にとって発症四〜五年ぐらいにかけては、症状そのものによるパニックなどの苦しさが緩和し、一方で症状の自己理解と対策もかなり精密に進んだことで、心理的にかなり楽になっていた時期でした。その頃、当事者として厚労省のピアサポート事業などに取り組んでいる島津渡さんの講演を聴きに行ったら「十年後には十年後の苦しさがまたある」と言ってらして、そのときは正直その言葉のリアルがいまいちわからなかったんです。それがやっとわかったのは、五～六年目でしょうか。

山口　年月が経って回復してくる部分もあるけど、以前とはまた違うつらさがあるということですね。

鈴木　はい。発症して以降、書いてきた何冊もの本についても、それぞれ執筆時の心理的ステージが異なり、内容にも如実に反映されています。二冊目の闘病記（鈴木、二〇一八）のときに僕は九十五パーセント回復したと主張しているのですが、今考えると信じられない感覚ですね。あの時期は、情報処理速度や現実の把握度がある程度戻ってきて、限定的な知人との対話が病前通りにできたというだけで、全体的な機能回復はまだまだだった。

山口　今思い返すと、その当時何パーセントぐらいの回復度だと思いますか？

鈴木　五十パーセントぐらいですね。

山口　回復したからこそ、新たに表に出てきている症状もあるのでしょうか。

鈴木　無かった症状が出てきたということですと、代表的なのが対話中に易疲労が訪れた際に起こる吃音や緘黙です。これは脳の情報処理速度が回復し、嗄声《させい》などの構音障害や二次障害としてのヒステリー球がかなり緩和した時期の先に出てきた、新たな症状ですね。リラックスした状況で認知資源がたっぷりある状況でならばかなり病前に近いスピードで話せるようになった半面、発作的な易疲労が起こったときに、病前経験したことのないような吃音が出てきたんです。脳からはもう言葉は出てこないのに、口だけが動こうとしてしまう結果、言葉の語頭音で何度もどもってしまったり、その言葉の先が出なくなる、緘黙様の症状に陥るんですね。

山口　ちょっとびっくりです。

鈴木　心理としては、最初にこの症状が出たとき、さすがに驚きましたし、恥ずかしいとも思いました。けれどしばらくすると、この症状が出ることで、自身の易疲労の状況を他者に伝える表現にもなるし、もう無理だというSOSサインにもなると感じて、若干安心した面もあります。一方で普通にしゃべれているときとの差が激しいですし、吃音や緘黙が起こりやすそうな単語や話題をクリアした後ベラベラ言葉が出たりと、いわゆる世の中で理解される吃音と少し違うため、専門職を相手にしたときには詐病ととられるのではないかという不安もありました。われながら複雑ですね……。

山口　吃音で悩んでいる当事者は多くいますが、発症するメカニズムはさまざまだと思います。心理状態が原因となるものもありますが、鈴木さんのように、言葉を探すスピードと、言葉を表出するスピードのギャップにより現れるというご説明は、興味深いです。鈴木さんは世間からはもうだいぶ回復されているイメージをもたれていると思うので、吃音、ヒステリー球、麻痺は回復したはずなのに場面によって再発したように感じるなど、今回紹介していただいたような症状が、時間がたってから出てきたということは、読者の方にとっては意外に感じられると思います。

鈴木　そうですね。以前より一層理解されづらくなっている気がします。吃音も易疲労の結果ですが、やはり現状、易疲労と記憶の問題が、日常生活や仕事の上で大きく問題化しているというのがポイントです。症状そのものによる苦しさのピークは発症後一年ほどまで、対策が取れないことによる苦しさが四年目ぐらいまで、五年目の時点では、かなり心理的には安定していたわけです。けれど間違いなく、四～五年目の時期より今のほうが心理的にはしんどいと思います。

山口　初期の頃に感じられていた、純粋な障害へのつらさより、今のほうが繊細なつらさと言う気がします。鈴木さんは仕事に復帰し、ご家族の理解もある。なのに、八年経った今が一番つらい……。ここはとても大事なところだと思います。

諦められない心理

鈴木　たぶん、当事者にとって理想的な着地点といえるのが、僕の発症後四～五年の心理状態だと思います。自己理解はかなり進み、不自由を対策でクリアし、自分がどこまでやったら破綻するのかを予測して、そこまでの課題には挑戦せず、「不自由だけど苦しくはない」「この脳の仕様でやれることをやって生きていけばいい」という、穏やかな諦観の境地です。ちょうどそのころに書いた『「脳コワさん」支援ガイド』（鈴木、二〇二〇）では、支援職に対して当事者をその境地に導いてほしいと伝えていますね。

山口　前向きな諦めというのか、身の丈を知って行動すれば「できる」という達成感を得られるんだという思い……。

鈴木　そう、症状によるつらさがなくなった後も残るつらさは、未達のつらさなんです。でも自分の能力値＝「この脳の仕様」を明瞭に把握していれば、その範囲内での達成感の中で穏やかに生きられる。けれど僕の場合、記憶や易疲労の面では想定外に障害が長引いた半面で、コミュニケーション面やマルチタスク面では自身で想定していたよりも機能回復があって「この脳の仕様」がまたわからなくなりました。それで、諦めていた取材の仕事に部分的に戻ったり、業務量を増やしたりする中で、やっぱり取材を伴う執筆業務では病前の品質を全く再現できないことや、自身がどこまでやれるのかの見極めを誤って受けた仕事をやり切れなかったりして、どん底のメンタルに落ちました。せっかく一度は着地した穏やかな諦観の境地を自分で壊してしまったわけです。

山口　一段ハードルを上げたら破滅したみたいな……。

鈴木　そうです。自分でハードルを上げておきながら……。とまあ、僕の場合は主に病前スペックへの復帰を諦めきれずに自爆したわけです。けれど、他の当事者さんのお話の中で多いのは、僕とは違う意味で一度は得たはずの穏やかな諦観マインドを踏み外してしまうケースです。それは例えば仕事上で、一度は自己理解したうえで自身で責任ある立場や前線で主力を担う場を辞退したけれど、内心戦わない自分に「逃げているような感覚」や「これでいいのかという気持ち」を感じるようになってしまうというものですね。先ほど、なんとか現状ギリギリ頑張って働けているという状態の当事者が、さらに責任のある立場を求められたり、より戦力として期待されることのつらさを話しましたが、これはそうした期待に沿えず、現状維持を選択した場合に立ち上がるネガティブな心理です。ご家族に対しても、いざというときに力になれないことに苦しむ声も聞きます。

山口　改善を諦めきれないのは、自分のためではなく、他者の役に立つ存在でいるためなのですね。それは利他的というのか、あるいは自己効力感と言えるものでしょうね。

鈴木　まさにそれ、自己効力感です。病前であればもっと他人の役に立てたのにといった心理。やっぱりこれは、「この脳の仕様でできることをやる」というマインドとは相反するものですが、感じている当事者にとってはかなり深刻な問題のようです。当事者同士であれば、結局諦めたほうが楽なんだけどね〜って苦笑いし合えるのですが、外から「諦めたほうがいいのに」と言われると、やっぱり全然違った感情が沸いてきます。

山口　できるという思いが残っていて諦められないのと、もう無理だと思っても諦めきれないのは、後者の方が切実な気持ちと言えるのかもしれませんね。病前に家庭の中での役割が大きかった当事者ほど、病後にその役割を失うことでショックを受ける傾向があると思います。自分のアイデンティティが失われたように感じ、生きていてもしょうがないと、抑うつ感情にもとらわれやすいです。

鈴木　あるでしょうねえ……。まさに今の話に該当する当事者さんたちがいて、涙が出そうになります。社会の中で自分の存在意義を見失いやすいというのが、高次脳機能障害の心理的な一面なのかもしれません。僕自身もあらゆる集団の中でレギュラー選手になれないことによる居場所感のなさや補欠選手感、病前ならもっと役に立てたのに！って気持ちはかなりあります。この喪失感もまた、当事者の心理的な支援を考えるときに大事にしてほしいところです。

山口　**自己肯定感が侵食される**ということですね。非常に重要な点だと思って伺っていましたが、家族の人からすると当事者に無理をさせたくないという思いもありますから、支援職がそうした当事者の心理を伝えることの難しさもありますね。

鈴木　そうですね。極端に言えば、当事者に対して、無理をして頑張らなくてもよくなったのだから楽だろうというぐらいのことを思う人もいるかもしれません。でも、やっぱり誰かのために何かをして、感謝されたいんですよ。それこそ最もシンプルな例では、誰かに料理を作って美味しいと言ってもらったりは、僕なんかはものすごく喪失感が解消されて満たされます。料理で言えば、「片麻痺クッキング」[*15]という活動がありますよね。あれなんて、すごくいいと思います。動画を観て、泣きました。ストレートにありがとうと言ってもらえるシーンがなくなるのがこの障害です。料理は食べたその瞬間に、美味しいね、ありがとうって言ってもらえる。そういう体験に僕らは飢餓してるんだなと思います。

＊15――脳リハ.com（理学療法士・作業療法士が監修する脳卒中・パーキンソン病のリハビリ情報サイト）内の動画コンテンツ。片麻痺の当事者が片手でも工夫して作れる料理を紹介する。

山口　片側に身体麻痺があってもいろいろな工夫で調理ができることを紹介しているリーフレットもありますよね。当事者ができることの可能性を広げていってほしいですよね。

回復ストーリーを求める心理

鈴木　当事者表現として執筆をしている僕もそうなんですが、ピアサポーターの立場として他の当事者に接している人たちからよく聞く困りごとが、何かをすればたちまち良くなる、治るといった「劇的な回復のエピソード」を当事者やご家族から求められるということです。でも、実際は何かをすればすぐ治るなんてもんじゃなく、地道に目の前の課題に取り組み続けるしかないというこことをピアサポーターたちが伝えると、がっかりされてしまうそうです。やっぱり僕もこれは経験あります。この障害とのつきあいが長丁場であること、地道に病前の生活や仕事の再現に取り組み続けて、長い時間をかけて回復していくというのがこの障害の実像なんですが……。

山口　当事者もご家族も回復を強く願っておられると、相談を受けていて切に感じます。

鈴木　そこで最近考えてるのは、好奇心のわいて脳に刺激を感じるもの、「難しいけど楽しい！」みたいなことであれば、何をしても高次脳のリハビリにつながるってことを伝えたらどうかってことです。僕にとっては仕事そのものが難しくも楽しい課題でしたし、旅行とかもそうでした。あと落語を音だけで聞くとか、最初は全くスピードについていけなくてパニックになりましたし、あっという間に認知資源が切れてへとへとになりましたが、思い返せば良いリハビリ課題だったなあと。でも、これをご家族に伝えても、「もう（当事者の）好きなことがないんです」、「能動性がなくなってしまいました」という返事が返ってくるんです。こうしたことを家族の人にうまく伝える方法が他にないか、考えています。ご本人がやってみたいと思える、モチベーションが内側から湧いてくるような課題を探すってことは、実は当事者の心理的支援で不安の除去の次ぐらいに大事なことじゃないかって最近感じています。

山口　難しい問題ですね。物事への好奇心を感じなくなってしまう当事者というのはたしかにいます。何だったら、どんな活動なら本人の気持ちを動かすことになるのか……。

鈴木　でも、その能動性の喪失って、どこまでが高次脳機能障害の症状なんだろうか、本当にそれは症状なんだろうかって思いませんか？

山口　一次的な症状として脳損傷に起因する意欲・発動性の低下、それから、二次症状として抑うつ的になる場合も考えられると思います。失敗経験が重なることで拒否感や諦めが生まれ、やる気を喪失した当事者の方もいると思います。

鈴木　ですよね。エビデンスはないですが、僕の感覚では後者、つまり人的な環境要因、もっと言えば周囲の無理解とかやりたくない課題の押しつけとかによって「もう何もしたくない」っていう二次症状ケースのほうが多いような気がするんです。先ほど家族の理解支援のところで、不自由を伝えようと何度も試みて失敗した徒労感から「もう全部やらない」となってしまうような当事者の話をしましたが、そういうケースが多すぎる印象なんですよね。

山口　脳の損傷部位や生じた高次脳機能障害の程度にもよります。損傷部位によっては、一次的な意欲発動性の低下が起こっていると判断されることもあります。私が家族の人から相談をいただくときに、今の生活の中でどんなときに笑顔がみられるかを聴き取ったり、当事者のポジティブな面を家族と一緒に探したりします。鈴木さんの言うように、こちらから当事者に何かを勧めてきっかけづくりをすることは大切ですが、あまり強引でも拒否感を引き出してしまうし、本人の状況を見ながらということが大事です。時間経過の中で、当事者自身が変わっていく場合もあるし、当事者の方が応じそうないろいろなきっかけを投げかけて、たまたま変化のタイミングと合致すればうまくいくんだと思います。当事者会に出るようになって変化した人もいます。

鈴木　なるほど、やっぱり当事者自身の内側から自然に主体性が立ち上がるような、タイミングの見極めやアプローチの手法が肝要ということですね。天邪鬼ですが、たしかに誰かから与えられた課題が好奇心をどれだけ惹起するかは微妙です。ただ、やっぱり劇的な回復メソッドが存在しない以上、当事者自身が主体性や好奇心、能動性をもって脳に刺激を与えるような課題に挑み続けること、そこに導くことは、支援の大きな柱だと思います。当事者と支援者の足並みがそろうということだったり、方向性が合う瞬間を逃さないことだったりが、心理的な支援として大事なポイントですね。

障害理解という一つのゴール

鈴木　好奇心つながりで言えば、当事者の中には自己理解が立ち上がった後に、その不自由への対策に強い好奇心とモチベーションが沸き起こるケースも結構聞きます。僕自身も、右脳損傷によって左脳が賦活して分析的思考が強くなったという実感もありますが、発症から二年ぐらいはものすごく「どうやったら楽になるのか」の思考に前のめりになりました。自身を実験台にしたゲーム性を感じて、楽しさもありましたね。他の当事者の中にもやっぱり、同じようなことを言う人たちが一群あって、自分の障害に対して好奇心をもてるようになることは、不安の心理を緩和するために重要なポイントだという気がするんです。こうした当事者の自分解析モードを一つの正解とすれば、支援者が当事者の興味をその方向にもっていくために何かできることがあるんじゃないでしょうか。

山口　**自分の障害を俯瞰して認識する**というところが、まさに課題だと思います。支援職が当事者に説明する言葉の中にキーがあって、鈴木さんもそれを提供されることで自己理解が進んできた面があると思います。例えば、「外部の刺激にフィルターをかけられない」といった状態についての説明や、「右への過注意」「破局反応」といった言葉とか。そういう症状のメカニズムに対する説明が腑に落ち、それに見合った対応を提案されて納得できるようになると、今度は、ご自分でその対応方法を見つけていかれる。例えば、左半側空間無視のせいで歩道を歩いていてもどんどん右に寄って車道にはみ出ていってしまう当事者さんがいました。その方は、「危ない」と奥さんに服を引っ張られて暴言を吐いていた方なのですが、「左半側空間無視」と「右への過注意」という説明を支援者から受けて、それを実感として理解できると、奥さんに自分から「前を歩いてもらいたい」「俺はお前のかかとを見て歩く」と言えるようになりました。このように、支援者も気づかない素晴らしい工夫で症状に対処することができるようになる人もいる。当事者が自分に起こっていることのメカニズムを理解していなければ、この工夫には至らないと思います。当事者が自分の症状に気づけるようになるということが、支援の中でとても大事だと思います。

鈴木　たしかに！　当事者の腑に落ちる言葉で説明されるというのは大事なポイントです。僕の個別性として、病前からある程度脳機能障害の基礎知識があったわけですが、やはり支援職から説明を受け、自分が感じている症状と病前知識として知っていた障害名をつなげてもらったときの雷が落ちたみたいな衝撃は忘れられないです。茂木健一郎さんの言う「アハ体験[*16]」みたいなものですね。その点、こうして加代子先生のような支援者と対話できる僕は恵まれすぎていて申し訳ないぐらいですが。一方で、例えば視聴覚情報を制限する対策として、耳栓や帽子などの指導を受けても、当事者の中には普段と違う情報の入り方のほうに不安やストレスを感じる人がいて、定着しないようです。こうした場合、どうして耳栓をする必要があるのかを込みでわかりやすく説明することが大事だと思います。もちろん、前提としてまず、支援職は当事者の不自由さを認めることが必要です。そのうえで、それがなぜ起こるのか一緒に考え、当事者の腑に落ちる言葉を与え、さらに一緒に対策を考える、そうした一連のプロセスも大事だと思う。

山口　本当にそうだと思います。当事者の中には自分の不自由さに気づいていない方もいるので、プロセスの最初には、まず不自由さへの気づきというものが必要だと思います。その際、支援者は当事者の思いを否定せず、本人が体験的に理解できるシチュエーションを提供するとよいと思います。例えば、駅の雑踏で録音してきた音を流しながら、注意の課題をやってみるとか。私の以前の職場では「模擬会議」というのをやっていました。自己意識性の障害がある営業職や管理職の方中心に、実際にある会社の組織という前提で、会議をやってもらい、それぞれに議事録を作成して、次の回に持参してもらう。そうすると「高次脳機能障害なんてない」「会社に戻れば仕事は元通りできる」とおっしゃっていた方たちが、「議事録を作ろうと思って会議のときに書いたメモを見ても何のことかわからなかった」などと、ご自分の実情に気づかれる。そんな風に、ご本人が目指している生活に近くて、それよりは少し難易度を下げ、でもやってみると苦手さを実感できるような経験を提供できると、ご本人は気づきやすいと思います。

鈴木　模擬会議、最高ですね。病前がビジネスマンであれば、会議の会場準備、スケジューリング、発表者としての資料作成、プレゼン、司会、書記、報告書作成、全部のロールを担ってみた

＊16――ドイツの心理学者カール・ビューラーが提唱した心理学上の概念。未知の物事に関する知覚関係を瞬間的に認識することを指している。

ら、高次脳機能障害の全部の症状がどこかしらで出てきて「なんかおかしい」って自覚につながると思います。ここでガッカリしちゃう当事者もいる一方で、僕らみたいなタイプは、じゃあどうしようって戦略性を加速させます。当事者のパーソナリティの見極めは大事ですが、僕らのようなタイプの当事者に対しては、こうした模擬○○のバリエーションをたくさん増やして支援の場で自己理解促進に使ってほしいなと思います。

8　当事者の個人的要因

それぞれの不自由感

鈴木　高次脳機能障害について、当事者自身の自己理解と支援職を含む他者からの理解の双方を阻害する要因として、個別性というものがあると感じています。いわゆる、この障害は一人として同じ症状の人はいなくて、わかりづらいという言説もここからきているような印象です。そのせいで、この障害が必要以上に難しくとらえられているように感じるんです。たとえば、他の当事者さんと話す中で感じるのは、同じ症状に対して当事者によって表現の仕方がまるで違うことや、同じ症状を抱えていても人によっては同じシーンで不自由そのものを感じないことまであるんですよね。こうしたことによって、この障害は必要以上に分かりづらいものとしてとらえられているのではないかと。

山口　高次脳機能障害がわかりにくいのは、一目で見てわかる障害ではなく、何らかの言動によって症状が見えてくるということ、そして、その症状が一人ひとり違い、その症状が極めて多彩であり、症状の重い軽いの幅も大きいということだと思います。そして、それを語る当事者の語り方も、その症状に対する反応の仕方もさまざまということがあると思います。

鈴木　そこ。その言動によって見えてくる症状。まさにそこが、注目点じゃないかと思うんです。例えば駅構内などの雑踏でパニックに陥ったとき、僕自身は人の声が入り混じって全部脳に入ってきて、聞きたいアナウンスなどが日本語なのに日本語として理解できないような感覚ですが、人によってはこれらを「うるさい」「聞こえない」「意味がわからない」「何もかもわからない」「息ができない」「死にそう」という風に端的に表現されると思います。これらもすべて僕自身の感じたことでもあるんですが、それぞれ言葉にされたものを見たとき、同じ障害がベースって理解するのが難しい。一方で、駅構内の環境整備に対して他罰的になる人もいれば、もう同じ地獄を体験したくないからと引きこもってしまう人。さらに、もともと駅構内でアナウンスをきちんと聞き取ろうとする習慣がない人や、案内がついていて自分で目的地にたどり着く必要がない人は、ここで聞き取りづらさという不自由を感じないかもしれない。

山口　なるほど。当事者の言葉を「情報処理」という観点から理解しないと、実態が見えてこないってことですね。

鈴木　そうなんですよ！　言葉そのものを文字面通りに理解しようとすると、とんでもなく多様な障害のように感じますよね。僕は病前に一定の障害知識があったから、この症状を「自閉症に似ている」「選択的な注意ができなくなっている」といった表現で訴えましたが、「うるさい」や「聞こえない」では支援する側も何の症状がその訴えにつながっているのかの見極めにずいぶん選択肢が出てきます。そもそも不自由が立ち現れなければ、症状を見逃すこともある。極端な場合、当事者によってはその場ではものすごく不自由を感じているけどそれが記憶に残っていなくて、「全然平気でした。僕にはその症状はなかった」ということになる。実際は掘り下げて聞いてみたらやっぱりずいぶん同じ症状で苦労されていたという方もいました。自己理解が低ければ低いほど、当事者の訴えから具体性が失われ、支援サイドから見ると個別性が高くみえてくるといってもいいかもしれません。

山口　ご本人は気づいていない、あるいは覚えていないけれど、症状としては出ていることもあるということですね。

鈴木　聞いていると、それもかなりある印象です。それこそ当事者会の代表クラスの方ですら、ある。ここで、そのような個別性がどんな要素から立ち上がってくるのか、ちょっと腑分けしてみると、こんな印象です。

- 人的環境（周囲から得られる理解・支援）
- 情報的環境（周囲から受ける妨害要素）

- 病前パーソナリティ
- 病前知識や病前習慣
- 機能の回復度
- 取り組む課題
- 当事者自身がどの症状に注目するか

山口　そもそも、脳の損傷部位や損傷程度によっても異なると思います。特に、自分に生じている症状に気づくという自己意識性に障害があると、症状が出ていてもご本人は気づかないので、それをご自身で語られることがありません。また、右脳損傷の方は、注意や関心が一点に固着しやすいので、ある症状にはこだわってそこは言葉にされるけれど、他の症状には無関心ということもあると思います。

鈴木　たしかに部位もありますね。ちなみに個別性について、「どの症状に注目するか」はこれまたとても個別性がとても強く立ち上がる部分で、そのベースになっているのが病前能力とのギャップだと感じています。例えば、何度もお話ししたことですが、僕にとって最も不自由感を伴う症状が、自分らしく上手に話せないという、対話の困難でした。でも、この困難について非常に共感した当事者がいたんですね。その方は全失語からの回復ケースで、僕から見るととても流暢に話ができていると感じたんですが、もともとのお仕事が言葉を使って大勢の前で話すものだったんです。そこであえて「病前と比較して今は何パーセントぐらい話せていますか」とお聞きしたら、五十パーセント以下だと言うんですね。驚いた。間違いなく初対面だったら、「お話の上手な方だなあ」と感じるんですよ。彼と僕に共通するのは、もともと普通の人より語彙が豊富で、その語彙の中から場面に応じた言葉をかなり厳選して口にしていたタイプだということです。まさに病前と病後でのギャップが大きい。逆に、もともと選択のプールにある語彙が少ない当事者や、あまり言葉を選んで話すことに重きを置かない人は、たとえ根底に同じ症状があっても話しづらさを自覚していないケースが多いように感じます。

山口　もともと、無口な方や、「飯、風呂、寝る」的なコミュニケーション以上の、そこにないものを相手にわかるように説明する機会が少ない方は不自由を感じづらいと思います。伝えたいことが抽象的だったり複雑であればあるほど、相手に伝わらないと会話が深まらないので、そういうときに「伝えられない」「伝わらない」と感じるのだと思います。仕事の中で「話す」ことに重きを置かれる職業の場合、もともと自分の言語能力を自覚しておられ、発症後、仕事に戻れるかどうかにも関与するので、より敏感にならざるを得ないと思います。

鈴木　そうなんです。同じ発話であっても、人によって脳の中で言葉を組み立てるプロセスにずいぶん違いがあって、それが不自由感の個別性とか、その症状に注目するかどうかにずいぶん影響していると感じるんですね。でも、同じ症状が障害化する当事者とそうでない当事者がいるとなると、支援としては判断や理解が難しいですよね。周囲からはできているように見えて、当事者の感覚と食い違うということが、会話以外の場面でもいろいろとある気がします。

山口　一定のレベルに達していることで、当事者の中で起こっている不自由さに周囲からは気づけないこともあります。当事者が努力してしゃべっているのと、努力をしなくてもすらすら言葉が出てくることの差を、ＳＴさんは努力性という言葉で表します。鈴木さんは前作で、当時のご自身の頭の中で起こっていることをたとえて、体育館のような広大な場所にばらばらに散らばってしまった言葉を必死に探しているようだと教えてくれましたね。

鈴木　努力性マックスの状況ですね。本当に一つ返事をするにも、一つ他者に説明するにも、非常にしんどい状況でした。

山口　支援職は、画一的に障害として見るのではなく、当事者が病前の自分と比較して不自由を感じていることを理解する必要がありますね。脳の言語中枢へのダメージを確認して、客観的に見れば症状が出るのは当然だろうといった捉え方に陥りがちであることを、自戒の念を含み、気づかされました。

鈴木　これはちょっと皮肉な話ですが、大社長であれ無職の人であれ、医療サービスは相手を選ばずに均質に与えられるべきだという、医療現場に刷り込まれた大原則が支援の枷になっているかもしれませんね。例えば、同じ失語症の症状でも、ドライバー職をやっていた当事者と営業職をやっていた当事者では、目指すべき回復の度合いやそのために必要な支援が違うのは当然として、それ以前に当事者の感じる不自由度や自己理解の有無にまで大きな差が出てくるのではないかと。

山口　おっしゃるような回復において平等さを重視する面がたしかにあるかもしれません。回復期リハビリテーション病院などでは、当事者の方の背景に配慮した支援が難しいのかもしれません。

鈴木　でも、やっぱり、ここで個別性を「わかりづらい」という諦めの文脈で閉じてしまったらあまりに残念なんですよね。病前の自分と比較して落ち込む当事者の支援は、まさに「症状を見るのではなく、その人を見る」、いわゆる全人的アセスメントが大前提だと思うんです。そうした支援職の視点や基本のスタンスについて、また、それらをどう培っていくかをお聞きしたいです。

山口　**リハビリテーション＝機能訓練という考え方を改めること**だと思います。神経心理学的リハビリテーションの先駆者であるバーバラ・ウィルソン（Barbara Wilson）はリハビリテーションのゴールを**well-being**だと言っています。残念ながら障害がゼロにならないとすれば、障害を軽減しつつも、当事者が障害をもちながらも、自分の人生の質を高めていかれるよう支援するというスタンスが必要だと思います。

鈴木　まったく同感です。一番わかってほしいのは、高次脳機能障害の回復像と身体の麻痺の回復像の違いです。身体の麻痺に明確な回復のゴールデンタイムとその後の機能維持期があるのに対し、高次脳機能障害はもっともっと長期的な時間軸の中でゆっくり機能を回復していく可能性がある。当事者となって後の人生と生活そのものがリハビリ課題になっていくと言ってもいいと思います。なので、現状の医療制度や現場のリソースの中で提供できる課題でより高い機能回復を目標に設定するのは、あまりにこの障害の実態と乖離していますよね。

けれどそれは決して絶望でも諦観でもなく、リハビリ職には当事者がその長期のリハビリ課題に挑む姿勢作りやマインドづくり、その課題に打ち負けそうになったときを含む、文字通り心理的な支援を提供できます。精度の高い自己理解も、症状探しも対策探しも、周囲への援助希求力向上も、すべて当事者の自力だけでは無理なことですから、やはり当事者のその後の人生は支援職ありきだと僕は思います。

不自由を感じない当事者

鈴木　個別性について、場合によっては不自由そのものが立ち上がってこない当事者がいるという話をしました。実は他の当事者さんと話していて、羨ましくなるような、自分を顧みてモヤモヤするような、そんな当事者さんに会うことがあります。それが、病前から性格がのんびりしていて、何か課題が与えられたときにまずは立ち止まってじっくり考えるというような姿勢をもつ人です。明らかに自身の症状と向き合う際に、こうした当事者さんのほうが有利なんですよね。僕自身は何でも焦って早急に結果を出そうとするタイプですが、どっしり落ち着いて状況に取り組める当事者さんと比較すると、僕みたいな性急な性格のもち主が、一番症状が障害化しやすいタイプに感じます。とても残念ですが。

山口　一言で言うとおおらか、心理学的に言うとレジリエンス[*17]が高いということでしょうかね。

鈴木　結果としてレジリエンスが高いんですが、前提として症状が大きな不自由感として立ち上がってこない方々ですね。彼らの話を聞いていると、子どものころをものすごく思い出すんですよね。小・中学校のときにも同級生の中に、即判断するのではなく一歩引いてゆっくり考えるタイプのクラスメイトって結構いたんですが、「あ、この人はあいつらと同じタイプだ!」って。例えばサッカーとかバスケとかのチームスポーツでも、個人の技量は低くても状況を落ち着いて俯瞰して判断することで、戦力になるタイプです。それが性格であり、心理的な習慣なんでしょう。ここで思うのは、僕のような性急なパーソナリティの当事者が後天的に彼らのような心理的習慣を獲得することはできないものか、また、支援職が当事者をそうした姿勢に導くようなことは難しいだろうかってことです。何しろ高次脳のほぼすべての症状は焦ることで大幅に悪化しますから、彼らにはものすごくアドバンテージを感じるんですよね。

山口　とても興味深い心理支援のテーマですね。高次脳機能障害の特徴として思考が凝り固まりやすい面があるものの、心理な支援によって柔軟な考え方をつかむことは可能なのではないかと

＊17──もともとは物理学で使われていた言葉で、弾力・復元力のこと。心理学でも、困難な状況があったときにそこから回復する力やしなやかさをレジリエンスと呼ぶ。

思います。いわゆる心理教育、あるいは認知行動療法的なアプローチが効果的でしょう。鈴木さんのように、病前から、どんなことでも真剣に取り組み、自分に厳しく成果を求めがちな当事者ほど、些細な失敗を過剰に捉えてしまう傾向があります。そのような人は、八割達成できたことでも残り二割の失敗に目が行き、ネガティブな意味づけをして心理的なエネルギーを奪われてしまう、あるいは他罰的になり、課題を与えたほうに問題があるとみなすこともあるようです。こうしたネガティブな心理的習慣への支援方法として、物事を肯定的に捉える習慣をもつような心理教育はあります。心を平穏に保ち、さまざまな刺激に対応する余裕をもつことを目的に行われます。

鈴木　僕にはそうした心理教育が必要な気がしますねえ。僕の仕事の性質上、常に物事の改善点に着目する習慣があるため、自分が達成できた部分にはほとんど目が行かないとも言えます。

山口　以前にも、鈴木さんのそうした特性についてお話しましたね。自分へ厳しくできるところは、鈴木さんの長所だと思いますが、それが時に自分を苦しい状況に追いやってしまうのでしょうね。自分への適度な甘やかしも大事ですよ。

鈴木　自分を甘やかせるかどうか、甘やかす習慣があるかどうかもまた、大きな個別性に感じます。自己肯定を習慣づける心理教育、とても興味あります。一方で、物事へ焦りがちな性格を矯正することに関してはどうですか。僕の場合、焦らないこと、急がないことはどんな指導を受けても無理な気がします。

山口　自己教示法などは試していただきたいです。頭の中で自分に対して「しばし待て」と言い、それから深呼吸して、ペースダウンする方法です。まずは、焦る自分に気づくことが大事です。

鈴木　ああ、病後、妻には、何をするにも「焦るなー焦るなー深呼吸しろー」って言われてましたが、しまいには半ば呆れ気味に「大ちゃんは早く作業を終わらせるのが好きなんだね」って言われました。たしかに、我ながら、急いでやって作業が速やかに終わることに快楽を感じる部分があるんですよね。

山口　達成感があるのでしょうね。

鈴木　そうなんです。合理化して手早く作業を終わらせると、達成感あります。そこで一応、発症後四年ぐらいで考えたのは、急いでやらなければいけないことと、そうではないことを切り分けようってことです。目の前の課題に取り組む前に、その課題は急ぐべきことなのかを一瞬考える習慣をつけようとした時期がありました。この発想自体は間違っていなかったと思うし、うまくいった時期もあったんですよ。でも、今はまただめになりました。脳のスピードが社会に追いついてきてからは、結局、またなんでも急ごうとする元の自分に戻ってしまった気がします。結局、今でもやっぱり急ぐと一気にスペックダウンするような課題はありますから、その都度しんどい思いをしています。焦っているときの自分へのメタ視点もほとんど立ってません。

山口　発症から間もない時期より脳機能が回復したことによって、仕事の複雑性や新奇性が高くなっていて、ご自身への負荷も強くなったのだと思います。ですから、仕事の性質によって取り組むペースを変える、ギアチェンジのような対策が必要なのではないでしょうか。もともと鈴木さんは自分への負荷をかけがちでもありますから、意図的にペースダウンして、その結果問題なさそうだったらペースアップしていけばいいんじゃないでしょうか。

鈴木　本当にそこですね。回復するとその分挑む課題が高度になる。その都度、それが急ぐべき課題なのかの切り分けと、意図的なペースダウンを試みる。「焦るな」と自分に語り掛けて、深呼吸する。忘れずに意識してみようと思います。紙に書いて、壁に貼ります。それにしてもまあ、損な性分だと思いますよ。

山口　高次脳機能障害は認知機能がうまく作動しない障害ですが、そのことによって心理的な負荷がかかりやすいタイプの当事者がいるということですね。

鈴木　もともとの性格や習慣が悪いって問題なので、ちょっとがっかりするというか、受け容れがたい感じもありますけれどね。羨ましいと感じる当事者の他のケースとして、お仕事に戻った後、会社からあまり協力を得られなくても、理不尽に攻められることがあっても、ケロッとしている当事者さんにも何人か出会いました。どうしてかって聞くと、「やれる能力の中で精一杯やっている人間を責める相手のレベルが低い。雇用関係はあくまで契約だから、ノルマを満たしていれば何も文句を言われる筋合いはない」とおっしゃる。このドライなメンタルには軽く感動しました。これもまた病前パーソナリティによる個別性だなあと。仕事や生活の中で、不自由が自罰感情につながるような当事者は責任感の強い人であることが多いと思います。けれどこの方々も、責任感は非常に強いんです。ただし割り切りがもっとすごい。彼らのように自罰感情がそもそも起こらなくなるような心理的支援は何かないでしょうか。当事者が自分で学べる参考書籍などもあれば、紹介していただけると嬉しいです。僕も読みたいし、学びたい。

山口　「やれる能力の中で精一杯やっている」とわかっているところがすごいんだと思います。つまり、ご自分の能力に対する自己理解と、それが障害ゆえに以前と異なることも受け容れておられるから、自罰感情につながらないんだと思います。ということは、やはり、「自己理解と自己受容」が心理支援のテーマであり、そのステップに他者から受容されるという経験が必要なのかもしれませんね。

参考書籍ということですが、参考になるのはポジティヴ心理学だと思います。専門書は何冊かありますが、当事者の方にお勧めできる本がなかなかみつかりません。以前、患者さんに勧めたことがある『「心がボロボロ」がスーッとラクになる本』（水島、二〇一二）とかはいいかもしれません。『折れない心をつくるたった1つの習慣』（植西、二〇一二）、『引きずらないコツ』（和田、二〇一六）も、ポジティブ心理学に近いと思います。

鈴木　なるほど……よくよく考えたらそれは「穏やかな諦観」と同じ文脈ですね。僕自身も日常生活における課題の上では一度はその境地に至れましたが、他者が絡む課題の中では、自罰したり自己効力感の喪失を感じるところから脱することができない。その差は、承認欲求の多寡、他者からの評価をどれだけ重視しているかでしょうか。支援職にはこの他者からの受容の主体になってほしいと思う一方で、家庭や社会ではそんな相手ばかりは望めませんから、なんとかして他者の評価にそれほど左右されずに「この脳で生きていく」の境地に再到達したいです。

易怒とバイアス思考

鈴木 当事者の個別性を語るにあたって易怒性の出方については避けて通れない論題だと思います。僕の接した当事者さんに限定されるケースかもしれませんが、易怒はやっぱり病前にあった価値観、特に「○○はこうあるべき」といったイズム思考がベースにあって、同じ事象についてある当事者は激怒し、ある当事者はケロッとしている。同じ当事者でも、どうでもいい些細なことに激高し、本来怒ってもいいようなシーンでケロッとしていたりもする。先にお話ししたようにメタ認知が立ち上がりにくいポイントでもあり、支援する側やご家族からすれば、大きく個別性を感じる点だと思います。

山口 「○○はこうあるべき」という思考そのものはさほど問題がなくても、その思考ゆえに、それを誰かに強要するとか、リアクションを起こすということが問題なんだと思います。ご本人がそれに気づけるとよいのですが……。

鈴木 それはすさまじく難易度が高いですね。何しろ病前からのイズムですから、だからこそ、文字通り社会的に行動障害化する。でもそこで、心理支援の柱として提案したいことがいくつかあります。

（1）当事者に、自身の爆発的な怒りが症状であると伝える。

（2）怒っても改善しない、怒る意味がない、怒るだけ損だと心底思えるような思考転換を手伝う。

（3）易怒性のコントロールに失敗した場合の自罰感情を緩和する。

正直、（1）と（2）はものすごくリスキーだと思います。当事者は自分が正しいと思っていることで怒っているので、それが症状だとか怒っても仕方がないことだと言われたら余計に怒るかもしれないし、支援拒否に直結するかもしれないからです。

山口　たしかに！　なので、その思考については否定せず、その思考に基づいて取った行動について話題にするのがいいのではないかと思うのですが……。それでも拒否につながるかも……。難しいですね。

鈴木　あ、結果として起こした行動にフォーカスして、病前と比較してどうだったかという点に導くのは悪くないですね。発症前から怒ったら即怒鳴っていたような人には意味がないと思いますが、発症前なら踏みとどまっていた人であれば、「あれ？　昔も怒っていたけど、そこまで怒っていたかな？」というメタにはつながる気がします。リスキーはリスキーですけど、でもこうしたことを提案したいのは、まずこの症状による異様な怒りの感情を抑制することには、ものすごい苦しさが伴うからなんです。本当に、喉元に熱湯とか劇薬を含んだまま吐き出せずにこらえるような、リアルな苦しみがそこにはあります。楽になりたいんですけど、爆発させて他者を傷つけたらその後の自罰感情は僕の場合は激しい希死念慮を伴うもので、だからこそ爆発させられずに耐えに耐えるしかない。そしてそんなとき、僕自身が楽になれたのが、「相手に怒っても仕方がない」と自分の中で一度納得して、再び同じ事象で怒りが込み上げてきたときにその納得を思い出せるようなキーワードをあらかじめ用意することだったからです。

山口　感情が生じることが苦しいのではなく、感情を抑制することが苦しい……。

鈴木　そうですね。易怒を抱えた当事者さんは、怒鳴りたい、何かを壊したいのを耐えて、顔をくしゃくしゃにして歯を食いしばったり、地団太を踏んだりすると思うんですが、あの状況はすさまじい苦しさを伴っているんです。で、僕は自分を「怒っても仕方ない」という心理に導くキーワードを作って、なんとかその地獄から救われようとしました。例えば発症後二年ほどは、仕事で他者の理解を得られないためにどうしても目指す品質を確保できない仕事があって、「この仕事に失敗してもキャリアに影響はない」「この仕事を次の○○で活かす企画を即考える」といったことを書いた紙を仕事部屋の壁に貼っていました。その後もどうしても足並みがそろわない仕事仲間については、その人のそれまでの経験やキャリアを考えて「○○君に○○を学ぶ機会はなかった」「○○君の立場でそれを責められたら単なるパワハラではないか」などと、やっぱり巨大な文字でプリントアウトして壁に貼ってました。いざカッとなりそうなとき、この紙をみると、なんとか怒りを飲み込むことができたんですよね。場合によっては、その「仕方ない」を思い出したとたんに、スーッと胸から怒りがなくなっていくことも体感しました。

山口　相手に対する怒りを、相手の立場や現状を理解するという思考に転換するという視覚的な仕掛けですね。

鈴木　そう。視覚的に外在化しておくことに意味があったと思います。本来カッとすると、もうその怒りとそれに耐えること以外は脳内から消え去るぐらいなので、そこから注意を引っぺがすための、視覚的刺激ですね。あと、何より助かったのは、そのような「怒っても仕方ない」の思考にたどり着くまで、愚痴としてそれを聞いて、一緒に「仕方ない」を探してくれた仲間がいたことです。それは支援職ではなく、妻や仕事仲間でしたが、本当に助かった。

だから、支援職が僕の妻や仕事仲間がしてくれたような怒りのコントロールの手助け、特に思考のバイアスを解除するようなアプローチをぜひしてほしいと思うんです。もちろん、先ほど言ったように、当事者の怒りの根底には自らの正義や主義・信条がありますから、不用意に触れれば支援拒否に至るリスクは非常に高いです。であれば、怒っている状態に本人がつらさを感じ、楽になりたいという動機が生まれたときにアプローチするのはどうかと思うのですが、いかがでしょう。

山口　鈴木さんの場合は否定せずに聞いてくれる相手がいたことが大きいということですね。「つらさ」を否定せずに聞いてもらえたことで、「楽になりたい」という思いに気づけた。「楽になりたい」という思いが、行動を変えていく動機になったということですね。神経心理学的リハビリテーションの先駆者のプリガターノ（George Prigatano）が「**神経心理学的リハビリテーションは患者の感情と動機に配慮したものであるべき**」と言っているのですが、今、お話しくださった例は、まさに、感情が変わることで動機が生まれるというお話だと思いました。ただ、前頭葉や右脳に損傷がある場合などは、当事者は思考を硬直化させがちで、なかなか修正が難しいということもよく経験します。

鈴木　思考の硬直化。痛いほどわかります。易怒のテーマでも話しましたが、発症してしばらくの間は自分の正義に注意が固着しているような感じで、軌道修正しようにもテコでも思考が横に逸れてくれない時期がありました。他の当事者さんでは、何十年その状況のままで苦しんでいる方も。となるとやっぱりわかっていただきたいのは、この抑制の状況もまた当事者にとってすさまじく苦しくて不自由感を伴うということですね。

山口　実際に変わることが難しい場合でも、そのつらさを話す場があると良いと思います。「変われないこともつらい」と、誰かと話すことを望んでいる方もいるのではないでしょうか。

鈴木　いると思います。こっそり話すと、僕にも易怒仲間の当事者さんがいます。申し訳ないけれど、とりあえず内容はどうあれ、頭の中にある怒りの熱源を外に出すことが当事者が楽になることの最適解だったりもします。要するに愚痴ですね。愚痴を超えて罵倒に近いようなものでも、聞いてもらうことで自分の中だけで抱え込んでいるよりははるかに楽になるんです。

山口　愚痴を聞いてくれる人がいるって大事ですよね！　そしてそれをむげに扱われないってことが。

鈴木　そうなんです。僕なんかは愚痴や悪口は言うべきでないという教育で育ってきたのでとてもハードルが高かったけど、易怒仲間だけじゃなく、友人や仕事仲間からも「愚痴ればいいよ、ここだけの話にするから」とか「鈴木さんそろそろ愚痴がたまってませんか？」なんて言ってもらえたときは、本当に救われました。一方で、僕が根本的に楽になれた「怒っても仕方がないことだ」「本来怒るべきことではない」というような腑に落ち感を他者が一緒になって作ってくれるような支援方針についてはどうでしょう？　易怒が発展して社会的行動障害を起こしてしまう前に行う、予防的な支援アプローチです。

山口　そのアプローチは必要だと思います。当事者に伝える手法として、例えば、少しでもいら立ちを感じたらその場を離れる方法や、数字を数えるアンガーマネジメントの手法、自分におまじないをかける方法などが考えられます。

鈴木　アンガーコントロールはよく言われるんですよね。でも易怒仲間の当事者同士で話すと、それって所詮健常者スケールの怒りに対してのアプローチだよねって話になることが多いです。というのも、発作的な易怒は、一度その場を離れても、再び戻ってきて暴言を吐くぐらいのエネルギーです。もう、一般で言われるアンガーコントロールは全く太刀打ちできないサイズ。数字を数えるとかも、発症から八年経つ今だったら効くと思いますが、当初は無理だったと思います。怒りが暴力と暴言に展開しないように抑制するので精一杯なので。

山口　たしかに、気がついたときには怒りが溢れ出ていると語る当事者は多くいますし、簡単にはいかないですよね。

鈴木　なので、先ほどのお話だと、自分におまじないをかけるというのが、一番効果的に感じます。おまじないであり、自分にとってのお守りのような言葉を頭の中に用意しておくという感じです。

山口　どのような場面で怒りが起こりやすいのか、あらかじめ想定しておくことが必要だと思います。そのためには、支援者が分析と言語化を手伝って、当事者の気づきを助けられると良いと思います。

鈴木　なるほど。相手と場面、話題の切り出しですね。それは自力で行うのは本当に難しいので、絶対に助かります。いきなりカッと来て真っ白という感じですから、過去の事例から予測を一緒に立ててくれるのはうれしい。結局、当事者のボヤキとしては、怒りの話にちゃんと付き合ってほしいんですよね。というのも、相手に対する怒りの核心が、実は今まさに怒っている部分ではなくて、それ以前の全く違う事象にあることに気づかず、それが怒りを言語化しているうちに見えてくることが往々にしてあるからです。怒りの聞き取りの中から、どのシーンやどういった事象で自分が怒りを爆発させるのか、さらにお守りの言葉探し、怒り思考の横道逸らしのキーワードを一緒に見つけるような、そんな支援につながってくれたら本当にありがたいです。

山口　また、本人の自己理解が進んでいない時点では、薬で対処することや、易怒が出やすい場所に行かないようにする、易怒のトリガー（引き金）となるようなことを周囲の人がしたり言わないようにするなど、環境調整を行うことも必要だと思います。

鈴木　それは周囲の損耗を考えたら絶対に必要でしょうねえ。ただ僕自身、易怒に対して薬での対処も考えたんですが、実は心の動きを穏やかにするタイプの薬全般、服用するといきなり原稿が書けなくなるんですよね。楽になるのは知っているけど、良くも悪くも文字通り心の中のエネルギーを鎮火させてしまう、心の中の水面がベタ凪になってしまうので、モノづくりの仕事とは相性があまりいいとは言えないんです。

山口　そうなんですね。脳に損傷がある方に対する薬物療法は、薬によっては、脳損傷のない方とは異なる反応が出ることもあるそうです。

鈴木　一例ですが、抗不安剤を発症前から処方されていた方が、脳損傷後に同じ薬を飲んだら効きすぎて一切の家事ができなくなって、やめたという話を聞いたことがあります。

山口　そうなんですね。残念ながら、脳損傷の方への投薬について詳しくない精神科医もおられ、損傷のない方と同じ処方をされてしまうことも珍しくないと聞きます。鈴木さんの場合、易怒に対して他にとられた方法はありますか？

鈴木　そうですね、決して適切な方法とは言えませんけど、僕自身がとった対策として、なんとか怒りの源から物理的な距離を取ったのちに、壊してもいい物を壊すとか、相手のいないところで大声で怒鳴り散らすというのは、非常に効果がありました。空のペットボトルで地面をバンバン叩くとか、川に石を投げまくるとか、車で出かけて中で叫びまくるとか。はたで見て異様な姿なのはわかります。でも、やっぱり最適解は怒りの熱源を一度外に出すことなんですよ。出してしまえば、たとえ破壊のターゲットが怒りの対象そのものじゃなくても、ある程度鎮火するんです。似たようなことをしている当事者さんも多いので、当事者それぞれに合った方法が見つけられることが大事だと思います。通報されない範疇で。

山口　昔、学生の頃に心理の体験グループでやったことあります。クッションエクササイズだったかな？　怒りの感情を感じつつ、クッションを思い切り叩いて、叩いた後、怒り感情がどう変わったか話し合う。相手に怒り感情をぶつけるのではなく、クッションを叩くことで怒り感情を発散させるみたいなエクササイズだったように思います。

鈴木さんは今、障害について理解を示してくれる人たちと仕事をされている。もちろん易怒だけのことではないでしょうけど、それは環境調整に含まれるでしょうね。

鈴木　そうですね。含まれるというか、実はそれが最大の環境調整に思います。本当に理解者には頭が上がりません。ただこれはあくまでフリーランスだからできていることで、普遍化はできないと思いますし、環境調整のために失った人脈や仕事を考えると、やっぱり喪失感がありますが……。

環境による個別性

鈴木　環境要因によって同じ症状が障害化したりしなかったりという個別性もあります。この環境要因には、ご家族の理解と支援の有無、そして復職できる場合は、お仕事の場での環境の善し悪しがものすごく影響しているように感じます。特に家族の支援と理解がしっかりしている当事者さんは、症状が重度の方でもさほど苦しさを感じていないように思うこともあって、これもまた大きな個別性のひとつだと思うんです。さきほど当事者の自己理解は周囲の理解と協力との両輪でないと機能しないという話をしましたが、実際の現場では当事者とご家族に相互理解が足りない、基本的な語らいがない、そもそも発症前から相互協力の関係性がないというケースが多いように感じる。こうなると、当事者には当事者、家族には家族と分けず、**家族の関係性そのものを支援するようなアプローチ**が大事だなと思ってます。不勉強なのであくまで印象論ですが、現状の家族支援と当事者支援って分断していて、家族と当事者を合わせた家庭っていうユニットに対する支援になってないものが多いと感じています。

山口　本当にそうだと思います。家族は当事者にとって大事な人的環境です。また、ご家族も、突然、家族の誰かが高次脳機能障害になったら、日々の生活に大きな混乱が生じ、どう対応すればよいのか本当に戸惑われると思います。当事者と家族それぞれに対して、そしてその関係性に対しても、支援がもっともっと必要だと思います。

鈴木　あと大きな問題は、職場の人的環境ですね。医療のレベルが上がり、救命率が上がれば上がるほど、僕同様に「なんとか仕事に戻れてしまう」レベルの当事者人口は増えていくと思いますが、大きな課題は働くことに戻れるかどうかよりも、それを継続することの難しさです。僕自身、フリーランスの形態だったからこそ取引先や環境を自分で調整してギリギリ復職できていますが、お勤めの環境だったら確実に失職しています。僕同様に「フリーじゃなかったら失職してた」という声は案外多いんですよね。

山口　発症後に会社勤めが続けられなくなるような場合、どのような症状が一番その要因になると思いますか？

鈴木　一番と言われたら難しいですが、まずはオフィスワーカーの場合、そのオフィスという空間にいることだけでも、ものすごく認知資源を消耗してしまうということ。脱抑制のところで社内より騒々しいカフェのほうがまだ仕事になるといった証言を挙げましたが、会社という空間で知っている人が身の回りで動いているだけで、勤め人は周囲の動きに反応しないといけないんですよね。目が合えばリアクションしなければならない、ちょっとした相談や雑談、電話対応などで仕事が中断される、営業に「行ってきます」と言われたら「行ってらっしゃい」と反応する。情報処理速度が遅くて周囲はものすごい速度差で回っているのに、こんなことにリアルタイムで対応してたら、あっという間に消耗して認知資源が空っぽになってしまいます。三十年以上未診断無支援で働き続けた経験を発信されている小川伸一さんは、対策として始業の何時間も前に出社していたエピソードを話されていますが、そもそも出社しているだけでそんなに消耗していることを周囲に理解してもらうのは難しいです。症状として一番の因難と言えるのは、こうした消耗によっても起こる**易疲労**についてでしょう。

ただし易疲労が問題というより、最大の問題は僕らの疲れというものを周囲が理解するのが極めて困難で、健常者から見るとやる気がない、さぼっているようにしか見えないこと。休む必要を訴えても理解してもらえずに責められたり、休み時間にガンガン雑談を振られて消耗したり、ランチに誘われたのを断って静かに認知資源の回復に努めたら「付き合いが悪いやつ」扱いで孤立したり、そもそも会社内に僕らが休めるような情報刺激的な環境調整が整った空間がなかったり……。つまり物理的環境だけでなく、周囲の人的環境調整の困難が最大の問題かと思います。

山口　オフィスワークの難しさは、音や視覚刺激を自分で調整しづらいということだけでなく、周囲の人の動きや思いや、突然降って来るコミュニケーションに即座に対応することを求められるといったことですよね。特に難しいのが、私も**易疲労**に対する理解だと思います。易疲労は周囲の人だけでなく、ご本人にとってもわかりづらい症状ですよね。天候や体調、周囲の環境やタスクによっても出方がバラバラですし、「突然来る」し、予測困難ですしね。

鈴木　そうなんです。僕はフリーランスゆえに、そうした環境調整をかなり自由にやれたけど、今でも健常の方と一緒に仕事していく中で、常についていけないプレッシャーを感じますし、新たに失敗も重ねています。勤め人だったらと思うとゾッとしますよ、本当に。

そう考えると、願わくば僕ら高次脳機能障害の当事者には被雇用者と外注の中間ぐらいの立場があってくれればなと思うんですよね。当事者が病前に経験を積んだ知識や経験とスキルを活かせる新たな働き方を模索できるといいと思います。ただ、こうしたことを就労支援の関係者にお話しすると、そうした外注的ポジションの可能性はわかっていても、復職の場合は病前の雇用関係が回復しないと支援の点数にならないため、復職か全く別の新規就労かの二択にならざるを得ないという支援サイドの苦悩も聞きました。

山口　制度上の問題ですね。

鈴木　かなり、このままではいけないと思う部分です。本当に復職できるかどうかは環境要因が大きいと思うんですが、逆に勤め先の環境によっては、ものすごくスムーズな復職ケースもあるんですよね。例えば、発症前と同じ働き方はできなくなったけど、会社の体質や業界的に、一定のキャリア形成後の従業員は最前線にとどまらずに後進育成や技術継承の立場へと自然に移行していく価値観や文化があったというケース。こうした価値観がもともとあったからこそ、本人も会社側も違和感なく、最前線からの引退と、後進育成の場への異動を受け容れたという話がありました。このケースで注目すべきは、前線を退いてもご自身の自尊心や自己効力感が保たれていたことです。

山口　大きくて体力がある会社のほうが復帰できたり、休職期間も長かったりする傾向があるかもしれませんね。その人が今まで会社に貢献したことや、職場で培ってきた人間関係によって支えられるという面もあると思います。

鈴木　そうなんですよね。仕事って、単に実務能力だけじゃないし、高次脳って、実務力以外のところは残ることが少なからずある。にもかかわらず、「高次脳機能障害になるってことはもう働けなくなるってことです」とか「あなたにはその仕事は無理です」って、ズバリ言われた当事者のケースもあまりにたくさんあって、ここは強調したいんですよね。環境を整えれば、まだ働ける当事者はたくさんいる。特にキャリア形成後に発症した当事者の中には、発症前の経験と知識の蓄積が残存しているケースが少なからずある。そしてこの障害にとって仕事をすることは非常に高度で有効なリハビリ課題になる。当事者を前に「働けない」なんて、絶対に言ってほしくないんです。

山口　鈴木さん自身、仕事をすることがご自身の脳機能回復に一番大きかったと思っていらっしゃいますね。

鈴木　はい。ただ、当初からそう思っていたわけではなく、振り返って後から感じたことですけどね。一方で僕とは違って入院の段階から、これ以上病院でリハビリするよりも仕事に復帰することが一番だと直感する当事者もいるようです。

山口　入院中のリハビリに意味がない、早く仕事に戻りたいと言う当事者は結構います。とにかく仕事ができるようにならないとだめだという気持ちの表れなのでしょう。

鈴木　先走りもあるんでしょうけれど。でも実際、仕事に戻った人の機能の回復度は驚かされることが多いです。発症当時の症状についてお聞きすると、よくそこから復職を考えたなと思うような人もいました。でも長い時間かけて、職場の戦力になってるんですよ。この障害はどこまで機能を再獲得できるかが未知数なので、復職に限りませんが、当事者にとってその機会を最大限与えてあげてほしい、まして機会を奪うなんてことは絶対にしてほしくないと、改めて思います。

あらゆる「タイミング」問題について

鈴木　今回の対談では、告知や自己理解支援など、さまざまなポイントで「タイミング」の話が出てきました。その人に最適のタイミングでアプローチするというのは、この障害のものすごく大事なポイントに思えます。このタイミングというテーマで、もう少しお話ししたいことがあります。まずは、当事者さんの中で、入院中から自己理解がある程度高く、障害についての本なども読み、そのせいで、日常生活への復帰後や復職後に対する不安が余計に亢進するというケースがありました。彼らの望みは、何に失敗しそうなのか、そのときどのような対策をとればいいのかをあらかじめ知りたいということ。知ることで安心したいということ。こうしたタイプの当事者の不安にはどのように寄り添えばいいでしょう？

山口　読むことに支障がなければ、その方と同じような症状や背景の方の体験記を読んでもらうのが一番いいと思います。右脳損傷だったら山田規畝子さんの本や鈴木さんの本、左脳損傷だったら、ジル・ボルト・テイラーさんの『奇跡の脳』（竹内＝訳、二〇〇九）、交通事故だったらカーラ・スワンソンさんの『目印はフォーク！』（ニキ＝訳、二〇〇八）、失語症の方だったら秋津じゅんさんの『再び話せなくなるまえに』（二〇一九）とか。先達がどんなことで困ったのか、どんな風に乗り越えてきたのかを知ることで、退院後や復職後に起こりそうなことをイメージしやすいと思います。テイラーさんの講演はYoutubeで見ることもできます。お勧めするということは、支援者がその方の症状や背景、心理状態やパーソナリティを把握すると同時に、どんな体験記があるのかを知らないといけないということですね。同時に、リハビリテーションの中で、なんらかの課題を実施した際にうまくできないことを当事者の方と共有して、それが実生活でどう影響するかを話し合うといったリハビリの仕組みがあることが望まれます。

鈴木　なるほど、やはり実際に日常生活に戻る前に、起こりえる不自由を知識として補強するってことですね。一方でさきほどの自分の質問と矛盾してしまうのですが、当事者が知識として障害を知ったり、失敗に行き合ったとき、失望や落胆のほうが強く立ち上がるケースもあります。

山口　おっしゃる通りだと思います。これしかできない、これ以上はできないというネガティブな実感につながってしまうこともあるでしょう。ポジティブに捉えられるかどうかは支援による面もありますが、その人が病前からもつパーソナリティや心理的傾向のほうが大きいかもしれません。

鈴木　そうなると、当事者のパーソナリティに応じて、支援のアプローチを変える必要があるということになりますね。僕自身もかなり積極的に自分の不自由探しをしたタイプですが、根本のモチベーションは苦しさを回避したいから、苦しさを軽減する対策を知りたいからというものでした。なので、積極的にできないこと探しをして事前の安心を得るという思考の当事者さんから話を聞いたときは、驚きと尊敬の気持ちがありました。

山口　障害受容に至る心理的なプロセスは人によっていろいろあると思います。ときに、発症という大きな経験を経た人には、苦しい時期を誰かに支えられることで自分に残されたものの大切さに気づくなど、価値観の転換が起こり、障害受容につながることもあります。

鈴木　それは大きいですね。僕も当事者になったことで、家族関係がものすごく向上したケースです。自分にとって何が大事なのか、人生の優先順位が明瞭になった感じがしました。

あとタイミングというテーマで最後にもう一つ。当事者が人生のどのステージで発症したかによって、心理支援の選択肢は大きく分かれてくると思うんです。例えば、残りの人生の長くない後期高齢者に自己理解支援がどれほど必要かという判断。定年退職付近の発症ケースでは、そのままリタイアするか、復職することで仕事を機能回復課題としていくかの判断がすごく悩ましいところでしょう。当事者さんの話を聞く中で、とても高い地位にあった方が高次脳当事者となり、仕事に戻ること、それも平社員がやるような最前線の現場仕事に戻ることが最大のリハビリだとご自身で認識して、病前の地位を捨てて文字通りの前線復帰し、目覚ましい回復を見せたケースがありました。それまで習熟してきた仕事に一端でも携わることがリハビリ課題として非常に強度があり有効で、仕事に戻った当事者とそうでない当事者の機能回復に大きな違いがあることは明確だと思います。でもこのタイミングでは、当事者が「楽になる」ことを優先するのであれば、機能回復よりも、余生を豊かに過ごすほうを選択したほうがいいかもしれない。妙に自己理解を高めないほうが安穏かもしれない。こうしたタイミングによる支援方針の境目について、加代子先生はどう考えられますか？

山口　病前の地位を捨てて、平社員がやるような仕事で復帰できる人。器が大きい人だなと思います。多くの方は、以前の自分のイメージを変えられなくて苦しんでおられると思います。なので、年齢と経済状況、今まで十分働いてきたという思いがあって、復職しないという選択がご自身でできれば、またそれに対してご家族と調整できれば、それはそれで適切なご判断だと思います。でもそのご判断ができるということは、それなりの**自己理解**がある方だと思うんです。なので、適切な判断ができるために、家族との不協和音が生じないために、自己理解は重要だと思います。鈴木さんがおっしゃっているのは仕事という自分により高いハードルを課すことで、さらなる回復や、それに伴うさらなる自己理解の深化を求めないということでしょうか。

鈴木　そうですね。僕が思うのは、あらゆる年齢において、こうした自己理解度と回復度の高いスーパー当事者の目覚ましい回復ケースが強調されがちだけど、本来リタイアか就労継続かを考える六十歳前後の年齢であれば、ご本人の自己理解度や経済状況や心理面、家族の容認度などを見たうえで、穏やかなリタイアの道に積極的な誘導をすることも、支援方針としてありなのかなってことなんです。あえて負荷をかけることで得られる回復と、それを望まないことで得られる安寧とのバランスもまた、支援者の注目してほしいところなんですよね。

山口　それは積極的な誘導をするということではなくて、あくまでも、自己理解を支援しつつ、その人の価値観や人生観を言語化するお手伝いをすることで、その人がどうしたいのか明確化・意識化できるよう支援し、納得できる自己決定を支援するということだと思います。言い換えれば、支援者が「何より復職が大事」とか、「回復を目指すべき」という認知バイアスをもたないことが大事で、復職や就労した際のストレスやその方に生じそうな心理面への影響を伝えたり、働かなかったときの生活の仕方、社会参加について情報提供することで、当事者が自分にとってどっちがより良いのか選べる――そういう支援が必要なんだと思います。

鈴木　ああ、あやうく僕も落とし穴にはまるところでした。肝は「**選択の支援**」ですね。おっしゃるように、支援側のバイアスによって道筋をつけるのは、支援方針として完全に悪手です。本人の選択の前提となるような、より多様なケースを情報提供することや、本人の価値観や希望を明確化する支援をした結果、本人の選択を総合的に支援する。情報提供そのものが支援の柱なんだなと気づかされました。

あと最後にもう一点、若いタイミングで発症した当事者の心理支援についてお話を伺いたいです。まずは当事者がすでに社会人になってはいるけど、キャリア形成前のタイミングで発症した場合。もうひとつは、まだ自尊心が形成されていないような学齢期の発症についてです。キャリア形成前の発症は、本当に自己開示が困難です。誰もができないのが当たり前で努力して仕事を憶えて行く時期ですし、同世代間でも「うまくいかないのは自身の努力が足りないから」という自己責任論が最も根強い。周囲の理解も、得づらいでしょう。何を言っても「甘えるな」「みんな頑張ってる」「障害のせいにするな」と言われてしまいがちです。一方で学齢期の発症は、さらに難しいですよね。自身に障害特性があるんだという自己理解と自尊心の発達を両立させなければならない。加代子先生は児童福祉の領域がルーツとお聞きしますが、例えば子どもの発達支援や療育の現場では、どのように障害の告知が行われるのでしょう。

山口　子どもの自己理解と自己肯定感を育むことを同時並行していく必要がありますね。おそらく、お子さんに対しては症状、障害という言葉を使わず、得意なところと苦手なところという伝え方がよいと思います。一人ひとりよく見れば、顔も違い、得意なこと、苦手なことも違う、いろんなお友達がいるでしょうって。最近はお子さんに伝えるときに良い本もあります（内山監修、二〇一三；高山・内山、二〇〇六）。まずは親に勧めて、子どもが受け容れられそうな内容だったり、比較的お子さんの状態に近い内容のものを選んでもらうといいですね。診断や症状を伝える側も障害に対する差別意識をもたないよう常に気をつけなければいけません。イギリスでは、高次脳機能障害のお子さんと親御さん向けの絵本がありました。『Heads Up Tim-Tron』（Ray & Parsons, 2013）という本で「頑張れ、くじけるなティム」という意味でしょうか。ロボットのティムがサッカーのゴールキーパーをしていたときにサッカーゴールの枠に頭をぶつけて脳外傷になり、それまでできていたことが同じようにはできなくなったものの、新たな夢に向かって頑張っているといった内容です。日本でもこのような本が出てくるといいなと思っています。

鈴木　療育の話題を出したのは、まさにそこに意図があります。療育の現場で行われるような、自尊心と自己理解を両立させながらの支援は、高次脳機能障害の、特に二十代、三十代で仕事のキャリア形成中に発症したケースへの参考にもなるんじゃないかと思ったんです。この世代はキャリアは未形成でもアイデンティティや自尊心が形成後だから、心理的に一層つらいはずなんですよね。発症前に自分が培ってきたアイデンティティが一度壊されて、そこから新しく自尊心を再形成しなければならない。でも今後に活かせる経験はまだない。本当にこの世代の当事者さんの話を聞くと、努力と気合で乗り越えるか、乗り越えられない自分に自尊心壊滅かの両極で、本当に苦しそうなんですよね。障害者である自分自身を自分で差別してしまうような、それでどん底のメンタルに落ち込むようなケースもありますし、やはり若年層というのも最も心理支援が必要なカテゴリーの当事者に感じます。

山口　そう思います。障害がなくても大きな発達課題である**自尊心の確立**というテーマを形成、あるいは再形成していくという時期に、通常であれば、「できた経験」がそれを支えるわけですが、それが逆に「できなかった経験」が多くなっているわけですから。

鈴木　たしかに失敗経験ベースでの自尊心形成は難しいですね……。

山口　かつての成功体験が自己肯定感を支えていることってあると思うんです。「今はこうだけど、あのとき頑張ってあれができたし」みたいな過去の成功体験が自己肯定感を支えていると思うんですよ。生活年齢が低いということは自己肯定感を感じてきた経験も少ないということだと思います。また、自己理解と言ったって、そういう視点や物差しが未発達だと思います。

また、お若い方は当然、進路を決める上で今後について考えると思うのですが、それを相談できるところが極めて少ない、それに応じられる支援者も少ないという現実がある。

実際、十八歳未満で発症した方の四分の三は未診断であるというデータが二〇一九年に出されています。診断されていない中で、自分の現状もよくわからない中で、失敗経験を重ねている。診断されていない＝支援されていないということは、おそらく障害のない方たちの集団の中で生活されていると思うので、日々「できなさ」を突きつけられている、という状況だと思います。そのような状況でありながら、当然、自分から相談機関を訪れるということは難しいと思います。家族が、ご本人が抱えている不全感に十分気づけない、気づいたとしてもいずれは良くなるのではとか、認めがたい思いもあり相談に至らない、ということは極めて多いと思います。海外の論文では、小児期に高次脳機能障害になったお子さんたちは、仲間関係にストレスを感じ、精神衛生上に課題を抱えている方が多いことが明らかにされています。日本の研究では、小児期受傷例では成人期になってから、遂行機能障害や対人技能拙劣が顕在化するというデータもあるので、発症直後からの長期的、継続的支援が必要だと、それもご本人だけでなく、ご家族も含めた支援が必要だということが明らかにされています。

鈴木　なるほど……仲間関係でのストレス傾向は、切ないですね。あと成人期になってから特性が障害化するというのは、高機能、高ＩＱの発達特性をもつ子たちにも近しい気がします。殊に日本は成人が働いて生きていく中で対人技能を求めすぎる社会ですから、ソーシャルスキルの獲得を中心に若い当事者支援に資源を割いてくれたらうれしい。本当に、彼らのことを考えると、僕らキャリア形成後受傷組も、なんとか自助努力で頑張ってやろうって思いますよ。若い彼らをまず優先してほしいと願います。

9　高次脳機能障害心理支援の最前線

支援職に望むこと

山口　最期に、支援職の人たちに望むことについて伺いたいと思います。

鈴木　そうですね。症状の改善につながることで何を望むかというより、まずは、リハビリ課題に当事者が主体的、積極的に向き合えるような心理的な支援を望みます。何よりお願いしたいのは、支援職自身が患者さんのネガティブな感情の対象にならないでほしい、ということですね。

山口　支援者自身がネガティブ感情の対象にならない……。

鈴木　はい。大きくは二点あって、まずは症状そのものから起きる苦痛の原因に、支援職自身がなってほしくないということです。具体的に避けてもらいたいのは、当事者の情報処理速度ではついていけないような性急な対応や語り口、こちらの発話を待たずに遮る、憶えておきたいことや頭に思い浮かんだことを強制消去してしまうような妨害的情報を与えるなどです。リハビリの先生は患者さんにとって必ず会わないといけない相手ですから、その人が不快や不満の対象だと、せっかくの機能回復的なアプローチを受け容れられなくなってしまう。何度も言うように、当事者にとって怒りやいら立ちを耐えることはリアルな苦しみを伴いますから。もう一点は、当事者が何か不自由や苦しさや不安を訴えたときに、それを肯定の文脈でとらえるということです。僕が話しづらさを訴えた際に「鈴木さんはお話ししづらいということを上手にお話しできてますよ」って返した支援職の話をよくしますが、その逆。訴えをそのまま訴えとして受け止めて、そのベースに何の症状があるのかを、当事者と共にさぐってほしい。この二点が、機能回復課題に取り組む心理づくりの支援。それがまず大前提の希望だと思います。

山口　支援者自分がそのネガティブ感情を生起させない存在でいるというのは、肝に銘じないといけませんね。支援者は自分が当事者の方の人的環境であることを常に意識して、自分の関わりを振り返る必要がありますね。実際、過去に、私のせいでネガティブな感情をもってしまった方がいます。

鈴木　人的環境として不快になるかどうかは当事者と支援職の相性の問題、特に発症前のコミュニケーションスタイルやスピードなどもあるでしょうね。たぶん僕と加代子先生はもともと親和性の高いタイプだったので、加代子先生が誰かの不快な人的環境になってしまったなんて経験があるというのは、意外すぎます。

山口　自分としてはそんなつもりはなくても、相手を不快にさせてしまうことがありました。私にとってもとても苦い思い出ですが、そのときに別の対応ができたかといえば、難しかった……。その人がネガティブ感情に陥って苦しんでいることはわかっても、良かれと思って伝えたことが良くなかったということがあるように思うのです。

鈴木　なるほど。そう考えたら僕も難しい患者でしたね。肯定ベースでお願いしたいって話にしても、僕にとって「大丈夫ですよ」って言われることが、一番腹立ちましたから。「こんなに不自由で違和感しかないのに大丈夫って何だよ」と。でも、大丈夫ですよって社会通念的には肯定の言葉の代表格ですもんね。ただ、特に身体のリハビリは回復のゴールデンタイムがあると言われてますし、僕自身もそれは実感しています。なので、その貴重な時期にリハ職に対してネガ感情をもつことは、長いスパンで見ても大きなデメリットです。やっぱりこうした時期のネガ感情の制御には、先にお話ししたように投薬のアプローチも必要になってくるんでしょうかね。

山口　そうですね。薬物療法を提案する場合でも、丁寧に提示しないと、患者さんからすれば自分のことを精神障害者扱いするのか、と反発されてしまうこともあります。目の前の患者さんに対して、薬を使うことで楽になるんじゃないかと思いながら、でも、ネガティブ感情が起こっている最中というこのタイミングで薬を提示するのはかえってよくないだろうと思い、考えあぐねた結果、言葉に詰まって沈黙してしまい、それがまた怒りの引き金になってしまったといった経験があります。

鈴木　うわあ、それは難しい……聞いていても今すぐには答えが出ません。

山口　患者さんに起こるメカニズムを理解できたとしても、それに対してどう対応するのかということは、また別の話で、とても難しい。第三者ですらこのような具合だから、おそらくご家族はもっと大変だろうなと思います。

鈴木　であれば、やっぱり対応の困難な当事者に対しては、その方のパーソナリティにフィットする相性の良い支援職を当てていくというアプローチも必要なのかもしれません。もちろん人的資源がどれほどあるかの問題もありますが。僕なんか横柄な感じの中高年男性がもう生理的に大嫌いですが、そうした態度に権威性や信頼できる印象を感じる当事者もいると聞いて、すごくびっくりしました。もちろん当事者にとって担当者がコロコロ変わるというのは非常にしんどい環境変化でもありますから、初期の課題設定などと同時に、「このタイプの当事者さんにはこのタイプの支援職。今のチームなら○○さん」といったような、ある程度のフローができるといいのかもしれません。

山口　どういうタイプの支援職がその患者さんにフィットするのかというのを判断するのもそう簡単ではないかなと思います。まずは、その患者さんがどんな方でどんな思いを抱えてここにいるのかということを、誠心誠意知ろうとするところからかと思います。でも、患者さんのことを思って言ったつもりの一言が引き金になることもあり、患者さんに合わせた関わりって、本当に難しいと実感します。

鈴木　本当ですね。聞けば聞くほど、理想論通りにはいかない現場の難しさを感じます。当事者が訴える症状について肯定してほしいというのはいかがでしょう?

山口　そこです。鈴木さんが「話せていない」とおっしゃったときに「大丈夫。うまく話せてますよ」といったSTさんに対し、鈴木さんは「シャッターが下りた」と言っておられたと思うのですが、そのSTさんは鈴木さんを安心させようと思っていたんだと思うんです。否定しているわけではなくて、あくまでも安心できるようにと思って言った一言が「否定された」と鈴木さんには感じられた。そこがまさに対応する上で難しいところだと思うんです。「そうですね。話せてませんよ」なんて安易に肯定できないし、どう返したらいいか言葉に詰まりそうです。きっとそういうときは、自分の判断を伝えるのではなく、「話せていない」とゆっくり、相手の思いを理解しようとオウム返しに繰り返すのが良いのでしょうね。これは相手の思いを傾聴するカウンセリングの技法です。

鈴木　まさにその対応をしてくださったのが、通院リハで担当してくださったSTさんです。その方は僕が機能的に、または他者の平均と比較して話せているか話せていないかではなく、僕が話しづらいと訴えていることに注目してくださった。そのうえで「鈴木さん、思い通りにお話ができないというのは、本当につらいことだと思います」って言ってくださったんですね。ちなみにその後の支援は、僕の中に話しづらさをあまり感じないシーンと強く感じるシーンがあって、より話しづらいのはどんな相手・シーン・内容なのかを一緒に切り分けてくださいました。僕がよく使う「自己説明的な発話が困難」という言葉や、弁明や弁解や説得が困難ということは、このSTさんがアセスメントしてくれたものだったんです。考えたら「肯定」って言葉が悪いんですね。肯定という言葉には一般的に「この言葉は肯定ワードだろう」という基準があるけど、それは当事者基準とは違うんです。肯定ではなく、苦しいという訴えに興味をもってほしい、その訴えをまともに取り合ってほしい、に近いかもしれません。まさにこうした対談の中で加代子先生が僕にしてくれるような、発する言葉への好奇心が、僕らにとっての肯定なのかもしれないです。

山口　相手の言葉を否定しないってことですよね。好奇心……。それってどういうことなんだろう、どういうことを伝えたいんだろうって理解しようとするってことですね。改めて、カウンセリングで言うところの「傾聴」が大事なんだなと思いました。関わる時間が制限されているセラピストはつい助言したり、コメントしたくなってしまうけれど、まずは、傾聴が大事だということを心したいと思います。

鈴木　ありがとうございます。ここまでは、まず機能回復課題に挑む前段階でお願いしたい心理的支援についてでしたが、次に機能回復課題に挑む中で支援職に望むことについて話したいです。それはまず、微量の改善を見逃さず、リハビリ課題に取り組む姿を肯定してほしいということです。これは僕の著書にも書いたことですが、左手指の麻痺について僕は病棟生活中、夜中に起きてまでこっそり自主リハしていたんですね。そんな中、看護師さんが毎日のグーパーチェックをする中で、「鈴木さん、頑張ってリハビリしているのがわかります」って肯定してくれたことがあった。そのあともう夜中に思い出して号泣しましたが、今思えばそんな大幅な回復なんかしてなかったと思うけど、その微量の変化に気づいてくれたことが、本当に大きな心理的支えになったと思います。報われるんですよね。

山口　鈴木さんの「手の動きが悪くなった」「何とかして良くなりたい」という思いに気づいておられたからの声掛けだったんですね。だから、支えられたんですね。

鈴木　そうなんです。これたぶん、スポーツジムのトレーナーさんなんかのマインドに近いと思う。当事者はあくまで病前の自分と比較するし、圧倒的な不自由感の中で、自身の微量の変化なんか気づかないし、気づいていても評価できないんですよ。でも第三者から、昨日の自分と比較した微量の変化に気づいてもらえたとか、その背後にある努力に気づいてもらえたというのはもう、本当に涙がにじむようなありがたさなんですね。

山口　見てくれている、応援してくれている人がいることで支えられるってことですね。

鈴木　あともう一つ、ちょっと難しい話をしたいです。これは機能回復課題に取り組むシーンからその後の生活期の支援にまで言える希望ですが、その時々の当事者の最高の能力値を基準点に据えて考えてほしいということです。繰り返してきましたが、僕らは外的な環境要因、妨害情報やら、不安や焦りをはじめとする自身の内的思考への過集中みたいなさまざまな妨害によって、大きく認知機能のスペックが落ちるんですよね。なのでまず、そうした妨害要素をできる限り取り除いた状態でどのぐらいやれるのかを見極め、それを基準として、その能力を落とす要因を当事者と一緒に探す、どうすれば本来機能を最大限発揮できるかを当事者と一緒に考えるという視点をもってほしいんです。

山口　訓練室内の課題ができたからそれでよしではなくて、環境刺激や妨害刺激があった際、つまり**日常生活ではどうだろうか**というのを念頭に、環境要因や妨害刺激についても一緒に考えたり、助言が欲しいということですね。

鈴木　そうですね。まずは妨害の一切ない状態でのフルスペックを測定してほしい。加えて妨害がある状況で同じ課題に挑んだ場合にどのぐらいスペックが落ちるかを、確認してほしい。あとこのフルスペックを測定する際の課題は、できれば神経心理学的検査の枠を超えて、先生のやっていた模擬会議のような当事者が病前こなしていた課題の再現であってほしいです。僕自身に対してのありがたかった支援を話す際に必ず例に出すのが、急性期病棟のSTさんです。彼女はまず僕の病前職を聞いてきて、僕が病前に書いた本を渡すと即日読んできたうえで、細かい障害特性についての説明をしてくださったんですね。当時、子ども用の折り紙教本すら読めなかった僕の中に残る病前の経験や知識・知見を見てくれる支援だったわけですが、そのSTさんの支援を受けた直後、発症十二日後に僕は、一番はじめの闘病記の企画書を書いて担当編集者に送りました。静かな早朝の病棟で四時間ぐらいかけて書いた、誤字まみれだけど一応文意の伝わる企画書。あれが当時の僕に残っていた、最大の能力でした。あのSTさんがしてくれた支援は、まず最初に僕に自身の中にまだ知的な思考能力が残されていることに気づかせてくれて、企画書の執筆という当時のフルスペック発揮のきっかけを作ってくださったってことだと思うんです。その基準点が僕の中にあったから、退院後には「それが再現できない理由はなんだろう?」という視点も立ち上がった。よく「できないこと探しを一緒にやる」って支援方針があって僕もそれは大賛成なんですが、その前に「何も邪魔がなければこれだけできる」という基準点を作った後に、その基準を再現できない部分＝できないこと探しをする。そんなプロセスが、当事者にとってはすごく大事な心理的支援になるんじゃないかと思います。お仕事に戻った当事者さんでも、この基準をおもちの方とそうでない方では、課題に挑むスタンスもモチベーションも全く違う気がします。

山口 なるほど。まず、「できた経験」を提供した上で、できた要因を分析したり、できなくなる要因を見つけて、少しずつ、「できない」が発生する環境下でできることを増やしていくということですね。

鈴木 そうなんです。やっぱり、できないばっかりじゃ折れるし、できた経験がないと「なんでできないんだろう」っていう自己理解の種が立ち上がらない。まさに加代子先生が実践していらっしゃった模擬会議みたいな課題で、まず一人で相手のいないプレゼンのリハーサル、二人で対面プレゼン、三人で二対一のプレゼン、四人以上のコンペって感じに、妨害的要因や難易度を上げていったら、当事者の中にいっぱいの種が蒔かれると思います。就労支援の場だけでなく、病棟のリハビリの段階からそういう視点を少しでももっていただけたら嬉しいんですよね。

「支援困難ケース」とピアの可能性

鈴木　今回、お話する中で、心理的支援の対象について加代子先生が想定しているのは、いわゆる支援困難ケースとされる当事者さんがかなり含まれているように思えてきました。この言葉は支援の難しさを当事者側の問題に押しつけるようで嫌いな言葉ではあるんですが……。僕自身はたとえ時間がかかったとしても紆余曲折あったとしても、基本的に支援の受け容れや一定の自己理解には至っている当事者さんの話を聞くことが多くて、そこまでの支援拒否や支援困難と言われるようなケースには出会っていないようです。実際、高次脳機能障害全体で見た場合、いわゆる困難ケースってどれくらいの割合であるものなのでしょう。

山口　支援が難しいと思うケースは決して少なくないと思います。いわゆる困難ケースというのをどう定義するかによると思うので、正確な割合については難しいですが。ただ、これに関して、今、鈴木さんとお話ししている中で、新たに気づいたことがあります。困難ケースに共通しているのは、高次脳機能障害に関する否認が強い方たちだったなということです。おそらく鈴木さんが聴き取りを行ってきた方たちは、高次脳機能障害を自覚されていると思うんですよね。自覚されたうえで症状の打ち明けがあって、そこへ鈴木さんが、「僕もそうなんだ」という形でコンタクトを取っているんじゃないでしょうか。

鈴木　たしかにそういうバイアスはありますね。僕がこれまで接点をもたせていただいたのは、たとえ症状への知識や自己理解がそんなに高くなかったとしても、自分には症状やそれによる不自由があるんだっていう自覚や自認はある方ばかりです。むしろ自身には障害がない！と言い張るような当事者とは接点の作りようがないです。そうした当事者を支えるご家族からのアプローチはあったとしても……。

山口 私が過去に経験した対応が困難なケースの方たちは、とても自己意識性の障害が強かったり、否認が強い方たちだったように思います。

鈴木 やっぱり。支援困難度と当事者の自己意識性の障害、否認感情は、たしかに比例しそうです。否認感情については、これは僕自身非常に悩んだことのあるテーマなんですが、病前の価値観の中に障害に対する差別的感情があったり、障害者を内心見下しているような人は間違いなく否認が立ち上がりやすいケースだと思うんです。でも、そうした方の否認感情に対してどのような心理的な支援があるのか……。僕自身は障害差別のある人に対する嫌悪感情があるので、ちょっとここで思考停止しちゃうんですよね。そんなこと考えたらだめだと思っていても、差別するような人は苦しんでも自業自得じゃないかって思ってしまう自分がどこかにあって……。

山口 おっしゃるように、もともと障害に対する差別感情が強いと否認につながるように思います。もう一つは、高次脳機能障害が生じたことで、自分の夢や将来設計が崩れてしまった人。自分が頑張ってやってきたことができなくなってしまうことに対する憤りが強い人に多いような気がします。

鈴木　なるほど！　過去の喪失に対する否認もあるけど、未来の展望が喪失したことへの憤りを伴う否認ですね。後者の気持ちは痛いほどわかります。本当にこの障害は理不尽ですからね。とても突き放せない。「受け容れて楽になれよ」とも言えない。

山口　このケースは割と若い人に多いと思います。そうした人たちは、誰かになんとかしてほしいと求めるというより、どうにもならない苦しみの渦の中にいて、自分でも言語化できないような状況にとらわれている気がします。その結果、支援者に対して親和的な態度を取ることなんてできない状況にあるといった感じでしょうか。

鈴木　なるほど、改めて好きな言葉じゃないですが、困難ケースもまた、その背景は多様ですね……。

山口　どういう方を支援困難というかという定義は難しいかもしれませんが、支援者が対応するための準備として「支援困難」という言葉は大事なことだと思っています。今話してきたような難しいケースに対してどういう支援が必要なのか話し合うことが必要だと思うからです。支援困難ケースは支援職としての覚悟と力量が問われるケースだと捉え、どう対応すべきか検討する、チームで対応する、相談できる人がいれば相談することかと思います。

鈴木　チームで当たる。大事だと思います。僕が困難ケースって言葉が嫌いだったのは、「こうしたケースは困難ケースですよ」っていう定義とかラベリングができてしまうことで、それに該当する支援対象者を「うちでは支援できない、無理だ」ってなって、当事者のたらいまわしが起こるようなシーンを病前の記者活動の中で見てきたからなんです。支援側の問題を当事者のパーソナリティに転嫁することもあったと思う。けれどもちろん、困難ケースという言葉には、支援職がつぶれないための予防線の意味合いもあって、たしかに本当の困難ケースに対して、支援職が個人で対応することは非常にリスキーだとも思います。当事者である自分が言うのも変ですが、僕らのコントロールできなくなった感情が他者に向かった場合には、ものすごく破壊力がありますから。くれぐれも支援者は個人で抱え込まないでほしい。

山口　対人接触業務の人はうつになりやすいといわれています。攻撃性を向けられたり、自分の対応が不十分だったと反省することも日々あるでしょう。前作『不自由な脳』の締めくくりの章で、高次脳機能障害リハの領域において心理職がとても少ないことを紹介しましたが、心理職がもっと関われる仕組みが必要だと思っています。もう一つは、今この領域で必要な支援は鈴木さんが行っているような当事者同士の語り合いなのかもしれませんね。その語り合いの中で、自分たちが抱えていることを整理したり前に進んでいくことができる。そういったケアの存在に加え、やはり、困難ケースに対して心理職も含めたチームで関われるような仕組み、しかもそれが急性期、回復期だけで終わるのではなくて、実際に社会で生活をし始めてからも機能できるような仕組みが必要だと思います。

鈴木　なんというか、依存症界隈の話をしているような気がしてきました。ピアが救いになること、ピアしか救いにならないような手の付けられないシーンがあること、あと社会生活の中までフォローアップしていく長期の心理支援が必要なこと。依存症支援では、健康も家族も社会的地位も友人の信頼も何もかもを失った底つき体験に至ることが一つのスタートであると語られることがありますよね。高次脳はそこまでの孤立ではないにしても、支援困難なケースは近いものがある気がします。がっつり短期間で支援接続に至るより、底つきまで長期間接点を残す、フォローアップする、もしくは接点が切れたのちもアウトリーチするような仕組みがあればと思います。相変わらず理想論を言いますが。

山口　いや、現状を知る人が声を上げることがまずは重要だと思います。

鈴木　ただ、当事者の支援にそれだけ長期のスタンスが必要だとして、残る問題はご家族ですよね。一番の支援困難ケースは、やはり自己意識性の障害、発動性の喪失、病識なき易怒、記憶に残らない易怒と暴力だと思います。この場合やっぱり、ご家族にまで長期支援とか底つきとか言ってられない。最優先でご家族の避難と保護、それこそ心理的な支援が必要になると思います。

山口　社会的行動障害の強い人がいて、支援が不十分であるということは、何年か前から、高次脳機能障害の世界、特に国立障害者リハビリテーションセンターを中心に行われた研究の中で明らかにされています。実態は少しずつわかってきましたが、まだ、家族をレスパイト（休養）や、当事者を受け入れたりする仕組みができていない現状があります。この仕組みには、精神科の介入が必要だといわれていますが、具体的にそうした仕組み作りは進んでいません。今、そういうことが必要な状況にあると思っています。

鈴木　そうですね。精神科の介入も、ベストアンサーじゃない。精神科病棟の身体拘束がかなり社会問題化していますが、家族ではとてもケアできない高次脳機能障害の当事者も、拘束の対象に該当すると現場の方から聞きました。もはやパンドラの箱とも言えますが……当事者からしたら生き地獄ですね。

山口　はい。施策というのは実態がわからないまま進んではいけないと思います。まずは鈴木さんが今までされてきたような、実態を伝えていく役割がより重要になります。

難しいケースに対して解決策が見つからないとき、支援者側にとっても、問題が見えているのに対応できないという苦しさが生まれます。現場では、支援者や家族が当事者のもともとのパーソナリティのせいにしてしまうことも、残念ながらあると思います。現状では即応的な解決策がありませんが、長く同じ患者さんを見ていると、十年以上経ってから行動が改善されることもあります。ネガティブ感情が強く、家族とも軋轢のあった人が、時間が経過して、なんらかのきっかけで変わることもあるのだと思います。

鈴木　時間薬は一つの答えではありますね。底つき体験もまた一つの時間薬ですし、決して望ましいケースじゃないけど、家族に心底見捨てられた底つきをきっかけに自己理解を立ち上げた方の話も何人か聞きました。ちょっとつらすぎますけれどね……。

山口　当事者会というものもきっかけとしてあります。グループセッションに参加したり、他の当事者や支援者との出会いが、その人にとって転機になったりすることがある。

鈴木　当事者会、ピアの有効性は最近ものすごく感じているんです。実は以前は懐疑的だったんですけどね。メタ認知とグループセッションのところで話しましたが、声の大きな当事者が場を支配したり、回復ストーリーや非科学な療法の押しつけとか、それを回避するために介入する支援職が場のイニシアチブを握ることで当事者の主体性が全くない当事者会は、いかがなものかと。でまあこれは、高次脳以外での当事者会とか当事者研究に対しての否定的イメージでしたけど。でも、当事者にとって、自身の言葉を一方的に傾聴してもらう体験ってものすごく大事です。やっぱり相手も当事者だから話せることってあって、しかも自分と近しい障害の程度、症状、生活の状況にある当事者以外には話せないことって結構多いんですよね。今、働く当事者さんで愚痴を言い合えるグループに二つほど参加していますが、やはり障害程度や置かれた環境に共通点がある人たちです。やっぱり高次脳全般をカバーする当事者会ってなると、「だって鈴木さん働けてるじゃん」「だって君ら車の運転とかできるじゃん」といった当事者格差に気が引けてとても愚痴なんか言えない。でも近しい立場の当事者同士であれば、遠慮なく吐き出せるんですよ。そしてそれが、ものすごく楽になる。先にお話ししたオープンダイアローグは、ここにそうした「場の安全性を担保するルール」が加わります。話者の話を遮らず最後まで聞き取って順番に話すことや、否定もアドバイスも一切禁じるといったルールですね。自分に近しい立場の当事者グループを、オープンダイアローグのルールで運用する。これはぜひ今後やってみたいと思っていることです。

山口　自分の話を聞いてくれる人を攻撃しないという、基本的なルールが守れる人に限定することは必要ですね。困難ケースの場合、守れない人も多いかもしれません。

鈴木　ああ、たしかにここまで話したような困難ケースの場合、こうしたグループの中でも危険因子になる可能性がありますね。当事者会のみならず、特にネット上の当事者グループから排除されてしまう方の話は、結構耳にします。ひとりの当事者によってグループが崩壊する話も……。前提として参加する当事者の苦しい状況を楽にするための場であること、そのためのルールであることをしっかり説明する必要はあると思いますが、それが通じない場合はセッションへの参加そのものが難しい。ちなみに加代子先生が想定するのは、情動のコントロールとして守れないのか、ルールを守る意思の欠如として守れないのか、どちらでしょう？

山口　両方だと思います。まずは情動のコントロールが悪い方の中に、怒って何が悪いみたいな姿勢の人もいると思います。鈴木さんの場合は、病前から怒ることに対して非常に抑制的でしたよね。だけど中には、特に社会的行動障害の強い人の中には――あまりいい言葉じゃないかもしれませんが――退行、振る舞いが子どもっぽくなってしまわれる当事者もおられます。脳損傷前には自己コントロールできていた人でも、抑制力が下がってしまうことがあります。

鈴木　なるほど。であればやっぱり、発症からの時期もあるでしょうね。考えてみたら僕も発症一〜二年ぐらいで相性の悪い人とオープンダイアローグに挑んでも、ルールを守れなくて怒ってしまうシーンがあったかもしれない。むしろせっかく聞き手に回ったとしても、その怒りを抑えるのに精一杯で、ものすごく苦しい体験になったかもしれません。

山口　ただ、オープンダイアローグ自体はいわゆる心理教育の一つのアプローチとして、もっとさまざまな場所で取り入れられるといいですね。カウンセリングの中でも、ポジティブストロークといって、本人のよりポジティブな面に焦点をあてて強化するようなメッセージを伝えたりします。自身の中で起こっている情動のメカニズムに関心がもてる人は、それを理解することで大幅に視野が開けるというお話を鈴木さんがされていましたよね。高次脳機能障害の方に心理支援が必要なのは、そういうところにもあると思います。

鈴木　たしかに、メカニズムに関心や理解があると、まず自分自身に説明がつく、安心して楽になれるって部分もあります。あとちょっと脇道に逸れますが、今おっしゃった「怒って何が悪い」というようなタイプの人は、怒ることに苦しさを感じていないのでしょうか。僕と同じタイプの人たちのように暴言を制御できなかった後に自罰にさいなまれることはない？　世の中には他者を攻撃することで快楽を得るタイプのパーソナリティの人も一部います。そういう人の支援をどうすべきか。支援必要なの？という、またしても、公言のはばかられる本音が出てきてしまうんですが。

山口　怒ることに対して問題視しないという方は、問題視しないことで苦しまないという選択を無意識のうちにされているような気がします。鈴木さんの場合は怒ることの苦しさ、つまり、怒っている自分を見ることの苦しさですよね。

鈴木　怒ってしまったことへの自罰や怒ってしまう自分への自己イメージとのギャップは後から出てくる感情で、頭に血が上っているときはとにかく怒りを言動に出さないように制御することの苦しさが圧倒的です。

山口　片や怒りを出さないようにという苦しさ、片や苦しいから怒って当たり前だろうという意味づけをせざるを得ない苦しさ……。

鈴木　そうか。怒っても何も苦しくないなんてことはありえなくて、怒る原因としての苦しさはどんなに脱抑制的にみえる人にも当然ある。これはとても大事な視点ですね。おそらく先ほどの僕と同じような考え方に向いてしまう支援職の方は、そうした患者さんに対して、怒ることの苦しさを感じていないとか、怒ることに対する理性がない、自罰感情がないといった、その人の人格面の問題にフォーカスしてしまう気がします。つまり、そこにある苦しさを見逃している可能性があります。自戒を込めて言いますが。

山口　そういう方もいらっしゃるでしょうね。また、支援者の側に、支援しきれないことの無力感みたいなものもあるので、支援したい気持ちはあるけど、方法がみつからず、途方に暮れる人もいると思います。

鈴木　それは本当によく聞きます。我ながら、この障害は支援の方針決定や、支援開始までのハードルが高い。ちなみに今の話、加代子先生の発想は非常に心理職的なものに感じます。ここまでの話で僕が想定していた支援職はＯＴさんやＳＴさんでしたが、加代子先生が想定している支援職は具体的にどういった職種ですか？

山口　私が今想定していたのは医療職ではなく、ワーカーさんをイメージしていました。

鈴木　なるほど、ワーカーさんでしたか！　改めて、この障害の支援について語るときには、発症からの時期、人生のステージ、そこで支援の担い手になるのが何者なのかを、そのシーンごとに話さないといけないですね。ただ先ほど言ったように、特に身体面においてのリハビリは時限がありますし、認知機能面についても自己理解を促す支援や退院後のショックを緩和するような支援は、やはり病棟や通院リハと接点があるうちに支援開始にまで至りたいじゃないですか。なので、やっぱり治療的ステージの段階で加代子先生の言うような心理職カラーの強いアプローチがどうしても欲しいと思うんですが、一番望ましい心理職については配置基準の問題がありますよね。

山口　回復期リハビリテーション病棟にいる心理職は、一病院に対し〇・三八人だけというデータがあります（一般社団法人 回復期リハビリテーション病棟協会、二〇二三）。つまり、三病院に一人ですが、中には複数人いるところもあるから、実際は五病院に一カ所ぐらいしか心理職がいません。また、心理職がいたとしても心理検査を行うのが主な役割という病院が多いでしょう。いわゆるカウンセリングや心理教育などのアプローチはできてないという病院がほとんどだと思います。その理由は、心理職がカウンセリングや、家族面接、認知行動療法（CBT）をやっても診療報酬がつかないからです。看護師が認知行動療法を実施すると診療報酬がとれます。

鈴木　そうなんですか。CBTなんて自己理解支援そのものなのに……知りませんでした。ちょっと絶望しそうなんですが、リハビリ職に心理職カラーを強めた支援を期待するのもまた、限界があるわけですよね。

山口　はい。もちろん、実際に治療的介入の中でカウンセリングに近いようなことをされるSTさんやOTさんもいると思いますが、彼女／彼らのアイデンティティは、自分たちの専門性をまずは具現することだと思います。なので怒りをぶつけてくる当事者に対しては、なかなかそれぞれの専門的な治療的介入が進まないと思い、その点では困っていると思います。

鈴木　うーん。ちょっと話が袋小路に入りすぎました。でも、僕の中で思考停止していた部分が少し動いた気がします。先ほどから言うように、僕には病前から福祉や支援の現場で使われる困難ケースという言葉自体に強く拒否感がありましたが、自身が当事者になってみて、一歩間違えたら僕自身が横綱級の困難ケースになっていたかもしれないという思いがあります。当事者になって初めて、困難ケースと言われるものが支援職の逃げではなくリアリティをもって見えてきたんですね。でも今度はそうした困難ケースが本当に支援困難で、時には当事者サイドにも原因があるようにも感じて思考停止していた。今、それがようやくまとまって、思考が動きだした気がします。

山口　困難ケースと呼ぶことへの拒否感があったということについて、もう少し伺ってもいいでしょうか。

鈴木　これ語りだしたら半日話し続けられますが、まずは先ほど言ったように、「困難ケースとはこんな人たちだ」といった基準やラベリングができることで、該当するケースが支援の場から排除されたり、支援職が諦めの理由に使っているようにしか見えないケースを見てきたこと。あと困難ケースと呼ぶことで、支援の側に足りない部分を当事者側のパーソナリティの問題に置き換えられてしまうということです。この問題は障害者に限らず、福祉全般の話になります。かつての取材記者の業務の中で、特に児童福祉や女性の福祉、生活困窮者の福祉では、窓口の段階で、素行不良や問題行動をコントロールしきれないことを理由に支援対象から排除されてしまうような人たちを多く取材してきました。もしくは対象者の側の支援拒否を招いてしまうか。でも、僕がかつてそうした現場の取材の場に身を置いていた頃、ケースの困難化や対象者の支援拒否に至っている理由のほとんどが「支援職側にあるように見えた」んです。僕の取材はあくまで一方的に当事者ファーストでの取材でしたから、当事者理解のないひどい支援職を見すぎた感もあります。思い出すと易怒が爆発しそうです。

山口　なるほど。このケースは困難だから支援は無理だと、レッテルを貼って意味づけするような、そういうくくり方に対して拒否感をもっていたんですね。今、私は、困難ケースに関する調査研究を行っています。高次脳機能障害の人の支援困難なケースの実態を洗い出して、必要な支援を具現できるようにしていきたいのです。困難ケース＝支援が無理なケースと短絡的に処理してしまっては絶対にいけなくて、そういうケースに対してこそ、支援を提供できる仕組みをつくっていかないといけないと思っています。私自身も言葉の使い方に気をつけなければいけませんね。

鈴木　もう、望んだとおりの言葉です。無理なケースじゃなくて、そうしたケースこそが本当に支援のリソースを集中すべき存在なんですよ。お行儀よく言うことを聞いてありがとうと言ってくれる当事者ばかりを囲うのは、支援じゃない。もちろんそれは、本当に本当に困難な研究になると思います。当事者を代表して、よろしくお願いしますと言いたいです。ちなみにこの困難ケースという言葉って、もともと高齢者介護などの現場で使われることが多かったのでしょうか。介護を受けるか受けないかには尊厳感情問題がありますから、支援拒否問題は日常的という印象がありますが。

山口　概念的には介護よりも福祉領域で早くから使われてきている気がします。正確にはわかりませんが、私は以前、児童相談所にいたことがあり、よく聞かれる言葉だったように思います。また、警視庁の青少年センターで非行の現場に立ち会うときも、多少の言葉の違いはあれど、同じようなことが聞かれた気がします。例えば、家庭背景が複雑、両親の理解が得られない、家族にキーとなる方がいない、などいろいろな要素が複雑に絡み合って、対応が難しいというケースだと思います。関わることで状況が変わっていく見通しがもちやすいケースと、なかなかそれがもちづらいケースが実際あると思います。

鈴木　なるほど。たしかに僕も初めて支援職の口から困難ケースという言葉を聞いたのは、児童自立支援施設の職員さんだったと思います。でもなんというか、高次脳機能障害の困難ケースって、その他のカテゴリーで言われる困難ケースのモデルが全部集約しているような気がしなくもないんですよね。この障害の困難ケースに理解と解決を見出していくことは、福祉や介護などさまざまな支援サービスにおける問題解決の糸口になるような気がします。

鈴木　まさに現在進行形の話になりますが、今、高次脳機能障害を代表する医療者や、代表的な家族会の方々を中心に、高次脳機能障害に対する支援法設立に向けての動きが進んでいます。この周辺のことについて、お話ししたいです。

山口　鈴木さんは当事者としてまず何を望みますか？

鈴木　まず僕の願うこととしては、第一に未診断無支援を無くすための措置を文言として入れてほしいということです。具体的には、病院のあらゆる診療科において、またあらゆる福祉領域においても、なんらかの認知症状を訴える患者・利用者がいた場合、まず既往歴に脳外傷や脳血管障害などがないかをチェックすること。既往歴ありならば、必ず高次脳機能障害の専門に繋げること。そして、そうした認識が通底するための現場研修や啓発活動などを促す文言が法に含まれていることです。

山口　当事者の中には、ご自分の症状に気づけない、ゆえに訴えない方も少なくないので、脳損傷が生じたときの介入が大事だと思います。これから発症する方とすでに発症して未診断の方の双方に対応するためには急性期病院や回復期リハビリテーション病院、脳外科、総合病院、小児科の医師とMSW（医療ソーシャルワーカー）に、高次脳機能障害を念頭に判断できる、必要な方を支援につなぐ知識とスキルの向上に向けた周知と研修が必要であり、それが盛り込まれることが大事だと思います。

鈴木 そうですね。発症時に見逃さない、見逃された当事者であっても支援につなげる、双方が揃う必要がありですね。あともう一点、これは望むことと言うより論点になりますが、重度から軽度まで非常にグラデーションのある高次脳機能障害について「どこのステージ」を強調して社会に周知啓発していくかということについて。僕は、重度のご家族のどうにもならない状況と、若年発症の支援不足や未診断ケースをメインの障害像として発信していったほうがいいのではないかと感じています。この理由としてはまず、僕らのような軽度で自立度の高い当事者も自助努力の中で大変な思いをしますが、重度の当事者とそのご家族の困りごとと比較したときにあまりにその質が違いすぎて、混乱を招きかねないことがひとつ。加えて現状、限られた医療資源、福祉資源の中で、未だ支援や制度が足りていないたくさんの難病や障害などもある中では、ある意味「パイの取り合い」の側面もあるわけで、最も深刻な像を表に出していかなければ、先送りにされかねない危惧があることです。

山口 鈴木さんがおっしゃっている「ステージ」というのは重症度ということですね。先日、高次脳機能障害友の会の片岡さんから、発達障害支援法ができた前後で、会社の中で「あいつはアスペだ」「あいつは発達だ」という差別もまた増えている状況があるが、高次脳機能障害はその差別が生まれるほどの認知度すらないという言葉を聞いて、溜息が出ました。差別が生じるのは決して良くありませんが、発達障害という枠組みが世間に浸透したということですね。その点では、高次脳機能障害の周知度は発達障害の百分の一くらいかもしれませんね。

鈴木　そうなんです。僕も片岡さんからその指摘を受けて、正直考えがガラッと転換しました。地域福祉の現場や介護の現場とかで明らかに高次脳の当事者に接する職域の人たちが「高次脳機能障害って初めて聞きました」レベルの認知である話は、本当によく聞きます。そのぐらい、もう認知のレベルで未達なんです。かつては僕自身、重度のご家族の語る、「何もできない、何も自分からやろうとしない、自分には障害などないと言う、抑制なく暴言や暴力を振るい、金銭や素行の管理も自力ではできない」といった当事者像をもって「これが高次脳機能障害」と言われたら、僕たち自助努力で何とかギリギリこの世にとどまっているステージの当事者はたまらないと思っていました。

山口　それはそうですよね。

鈴木　けれど片岡さんの言うように、現状では基本となる認知度そのものが圧倒的に足りない状況。それを踏まえ、『日々コウジ中』（二〇一〇）の柴本礼さんや各地の家族会の代表の方々とお話しする中で、社会への認知と啓発という段階ではこの障害を僕らのように「自助努力でなんとか踏みとどまれる障害」と認識されたほうが不利益という結論に変わりました。

まずは本当に困難なケース＝今日明日の経済問題や問題行動のリカバリーに終始せざるを得な

いご家族と、発症前の自己資産がない中で発達と学習をしていかなければならない学齢期発症・キャリア形成前発症のケースを主体に認知を広める。そしてその後に、僕らのような自立度の高いケース、グレーゾーンなケースなどを発信し、この障害の解像度を高めていくというプロセスを踏んだほうが、関わる全体の利益になるのではないかと思っています。

山口　私は、プロセスを踏むのではなく、同時に進めたほうがよいと思います。

自閉症も自閉症の特徴が濃い人から薄い人までを含めて、スペクトラムであると自閉スペクトラム症と整理されました。高次脳機能障害も同様に、プロセスを踏まずに、症状の重い方もおられれば、軽いけれどもそれは「障害」であって、なんらかの合理的配慮が必要な方である。そういうコンセプトで進めたほうがよいと思います。障害がある＝その方に合わせた合理的配慮が必要だということだと思いますので、重い人は重い人なりに、軽い人に対しても軽い人なりの支援が必要だという進め方のほうがよいと思います。

鈴木　そうですね。僕も最終的には高次脳機能症スペクトラムという捉えられ方がゴール地点だと思います。でも、まず支援法と社会的な周知のために、どの像を伝えていくのがベストなのかを戦略的に考えたうえで、ご家族や当事者が対立したりせずに融和的にこの障害を取り巻く環境や法整備に関わっていく、そんな交通整理が必要な時期かもしれないと思います。

まとめとして……

鈴木　まだまだお話ししたいことはいっぱいありますが、加代子先生には僕の「穏やかな諦観期」から、その後の不安定期までを、公私ともに指導していただきました。まとめとしてお伝えしたいことを、まず僕のほうから。

支援職の皆さんにまず一番お伝えしたいのは、本当にこの障害は、長丁場であること。そして、発症から時間が経つほどに、必要になるのは機能回復的なアプローチよりも心理支援に傾いていき、支援の担い手も医療者・支援者からご家族や仕事仲間といった平素当事者と場を共有する者に移っていくということです。当事者の自己理解にどうアプローチするかは、その当事者の障害程度、回復をどれだけ望めるか、置かれた環境やパーソナリティなどによって判断の難しい部分かもしれませんが、ポイントは当事者やご家族をバラバラに支援するのではなく、当事者と周囲の関係性を支援・指導すること、そして当事者自身が能動性や主体性をもって日常復帰という高度なリハビリ課題に挑めるようなメンタルを支援すること。要するに、医療の手を離れた後も自力で機能を再獲得していく当事者とその周辺者のお膳立てをすることだと思います。一方で、障害程度や周囲の人的環境調整が困難なことでそのお膳立てが困難というケースでは、チームで支援にあたること、また当事者同士のピアでしか為しえないことがあることなども、注視してほしい部分です。

加代子先生のお話からは、「当事者の歴史や社会的環境も含めたアセスメント」や「リハビリテーション＝機能訓練という考え方を改めること」というパワーワードがいくつも出ました。症状や評価される機能ではなく、その人物を見るという全人的支援こそが、支援職に求められるメンタリティなのだということを、改めて加代子先生から学ばせていただいたと思います。

山口　鈴木さんは加代子先生と呼んでくださっていますが、私は鈴木さんのリハビリを担当したわけではありません。私は鈴木さんが発症から四年後に、日本臨床心理士会の定例講習会で私と対談していただく打ち合わせのときに初めて鈴木さんにお目にかかりました。その後、そのときの対談を本にするお誘いをいただき（『不自由な脳』として刊行）、メールやお目にかかってやり取りするようになりました。今回、前回から四年ぶりに対談させていただき、発症後七年の経過、特に新たに出現した症状についてや、鈴木さんが当事者の方とやり取りする中で、高次脳機能障害について深められてきた知識や疑問、問題意識をお伺いできました。

実は今回、鈴木さんが語ってくださったことは、支援者がそこまで見えていないことだらけだったと思っています。高次脳機能障害の当事者がどんな思いで日々過ごしておられるのか、私なりに理解しようとしてきたことですが、まだまだそれが浅いものだったということを教えていただきました。それと同時に、改めて、当事者とご家族に対する心理支援が重要だと思いました。

この本を手に取っていただけただけで感謝ですが、お読みいただいた方たちには、ぜひ、「機能」だけでなくその方の「**こころと生活**」を支える支援者になってほしいと強く思います。

文献

秋津じゅん（二〇一九）『再び話せなくなるまえに――小児神経科医の壊れた言語脳』星和書店
一般社団法人 回復期リハビリテーション病棟協会（二〇二三）「回復期リハビリテーション病棟の現状と課題に関する調査報告書 令和4年版」
水島広子（二〇一二）『「心がボロボロ」がスーッとラクになる本』さくら舎
Ray, I. & Parsons, G.（2013）Heads Up Tim-Tron. Children's Trust.
柴本礼（二〇一〇）『日々コウジ中――高次脳機能障害の夫と暮らす日常コミック』主婦の友社
鈴木大介（二〇一六）『脳が壊れた』新潮社
鈴木大介（二〇一八）『脳は回復する』新潮社
鈴木大介（二〇二〇）『「脳コワさん」支援ガイド』医学書院
鈴木大介・山口加代子、一般社団法人 日本臨床心理士会＝編集協力（二〇二〇）『不自由な脳――高次脳機能障害当事者に必要な支援』金剛出版
カーラ・L・スワンソン＝著、ニキ・リンコ＝訳（二〇〇八）『目印はフォーク！――カーラの脳損傷リハビリ日記』クリエイツかもがわ
高山恵子・内山登紀夫（二〇〇六）『ふしぎだね!? ＡＤＨＤ（注意欠陥多動性障害）のおともだち』ミネルヴァ

書房
ジル・ボルト・テイラー＝著、竹内薫＝訳（二〇〇九）『奇跡の脳』新潮社
植西聰（二〇一一）『折れない心をつくるたった1つの習慣』青春出版社
内山登紀夫＝監修、伊藤久美＝編（二〇一三）『もっと知りたい！　自閉症のおともだち』ミネルヴァ書房
和田秀樹（二〇一六）『引きずらないコツ』青春出版社
Wilson B.A., Gracey, F., Evans, J.J., & Bateman, A.（2009）Neuropsychological Rehabilitation: Theory, Models, Therapy and Outcome. Cambridge University Press.
山田了士（二〇一一）「てんかんに随伴する精神症状」総合病院精神医学、第二三巻、第一号、二七－三四頁
Yehuda Ben-Yishay・大橋正洋＝監修、立神粧子＝著（二〇一〇）『前頭葉機能不全　その先の戦略――Ｒｕｓｋ通院プログラムと神経心理ピラミッド』医学書院

鈴木大介（すずき・だいすけ）

文筆業。一九七三年千葉県生まれ。子供や女性、若者の貧困問題をテーマにした取材活動をし『最貧困女子』（幻冬舎）、『ギャングース（漫画原作・映画化）』（講談社）、『老人喰い』（ちくま新書・TBS系列にてドラマ化）などを代表作とするルポライターだったが、二〇一五年（四一歳）で脳梗塞を発症して高次脳機能障害当事者に。その後は高次脳機能障害者としての自身を取材した闘病記『脳が壊れた』、『脳は回復する』（いずれも新潮新書）や夫婦での障害受容を描いた『されど愛しきお妻様』（講談社）などを出版し、援助職全般向けの指南書『「脳コワさん」支援ガイド』（医学書院・シリーズケアをひらく）にて第9回日本医学ジャーナリスト協会賞大賞を受賞。近刊は当事者の自己理解向上を目指した『この脳で生きる・脳損傷のスズキさん、今日も全滅』（合同出版）。

山口加代子（やまぐち・かよこ）

横浜市総合リハビリテーションセンターで臨床心理士として高次脳機能障害の当事者・家族の支援に関わり、現在は二カ所のリハビリテーションセンターのアドバイザー、リハビリテーション心理職会顧問、日本高次脳機能障害友の会顧問。

［編著書］『高次脳機能障害を生きる』（「夫と妻の心の旅」、ミネルヴァ書房）、『病気のひとのこころ』（「脳にダメージを受けた方たちのこころとその支援」、誠信書房）、『脳の働きに障害を持つ人の理解と支援』（「高次脳機能障害の当事者」、誠信書房）、『臨床神経心理学』（「4章　アセスメントの基本」「5章　支援の基本」、医歯薬出版）、『公認心理師技法ガイド』（「社会的行動障害のリハビリテーション」、文光堂）、『臨床精神医学　第48巻第4号』（「TBIの家族支援」、アークメディア）など。

不自由《ふじゆう》な脳《のう》は続《つづ》く
高次《こうじ》脳《のう》機能《きのう》障害《しょうがい》に対《たい》する支援再考《しえんさいこう》

2024年4月20日　印刷
2024年4月30日　発行

著者――――鈴木大介
　　　　　山口加代子

発行者――――立石正信
発行所――――株式会社　金剛出版
〒112-0005
東京都文京区水道1-5-16
電話　03-3815-6661
振替　00120-6-34848

装丁◉臼井新太郎
装画◉尾崎和美
本文組版◉石倉康次
印刷・製本◉三協美術印刷

Printed in Japan©2024　ISBN978-4-7724-2037-2 C3011